CHENGBEN
K U A I J I
Anlishi Jiaoxue Yanjiu

成本会计
案例式教学研究

李志远 ◎著

中国财经出版传媒集团

经济科学出版社
Economic Science Press
·北京·

图书在版编目（CIP）数据

成本会计案例式教学研究 / 李志远著 . -- 北京 ：
经济科学出版社，2024.8. -- ISBN 978 - 7 - 5218 - 6241 - 6

Ⅰ. F234.2

中国国家版本馆 CIP 数据核字第 2024RY7142 号

责任编辑：于　源　陈　晨
责任校对：齐　杰
责任印制：范　艳

成本会计案例式教学研究

李志远　著

经济科学出版社出版、发行　新华书店经销

社址：北京市海淀区阜成路甲 28 号　邮编：100142

总编部电话：010 - 88191217　发行部电话：010 - 88191522

网址：www. esp. com. cn

电子邮箱：esp@ esp. com. cn

天猫网店：经济科学出版社旗舰店

网址：http://jjkxcbs. tmall. com

北京季蜂印刷有限公司印装

710 × 1000　16 开　15.5 印张　262000 字

2024 年 8 月第 1 版　2024 年 8 月第 1 次印刷

ISBN 978 - 7 - 5218 - 6241 - 6　定价：65.00 元

（图书出现印装问题，本社负责调换。电话：010 - 88191545）

（版权所有　侵权必究　打击盗版　举报热线：010 - 88191661

QQ：2242791300　营销中心电话：010 - 88191537

电子邮箱：dbts@ esp. com. cn）

前　　言

　　成本会计是大学本科院校会计学专业的主要课程，它是在基础会计学、中级财务会计课程的基础上，主要针对企业生产过程中产品或服务成本的形成过程，用会计的方法通过费用的归集与分配，计算确定产品或服务成本。由于开始学习本课程的学生已经普遍掌握了会计核算的一般原则，并学习了企业采购、销售等环节的会计核算，因此，基于成本会计的特点如何开展教学，进而高质量地完成教学任务，是成本会计教师需要着重考虑的一个问题。

　　传统的成本会计教学方法主要是讲授式，是一种自上而下的教学法。也就是，老师在课堂上讲，学生在座位上听，课后做一些练习题，以达到巩固学习效果的目的。由于成本会计课程中大多数的会计核算原理在基础会计学、中级财务会计课程中都已经学过，所以学生理解成本会计核算方法并不算难。但成本会计中不仅涉及成本计算，还涉及更深层次的专业知识，这使得传统的讲授式教学方法很难发挥其优势。近些年，信息技术在会计领域得到广泛应用，使智能会计的应用场景越来越普遍，很多企业的成本计算已经完全被智能化软件所替代，因而继续用讲授法讲解传统的成本会计核算，已经脱离了时代的要求。

　　在智能化会计背景下，虽然企业成本会计核算可以由智能化核算软件自动进行，但这并不意味着会计人员不需要掌握相关的知识。智能化核算手段提高了财务工作的效率，为会计人员深度参与业务活动管理、搭建更为科学合理的成本管理框架提供了广阔的空间。因此，智能化会计不是要消灭成本会计，而是要求会计人员能够在掌握成本会计核算的底层逻辑基础上，结合企业生产活动的特点，参与成本管理活动，为企业管理提供更为丰富的信息和保障。

　　案例式教学法最早起源于 20 世纪初的哈佛大学。它把实际生活中的真实案例加以典型化整理后，形成供学生思考分析和研究判断的案例，通过分组讨论、独立思考，学生可以归纳总结出结论，进而达到锻炼学生分析和解决问题能力的目的。与传统教学手段从理论过渡到实践的思路不同，案例式教学法先呈现案例，再通过案例提炼出知识点，是一种自下而上的思路。案例式教学法的这些特征与成本会计课程的教学需求具有较高的契合度。

  笔者具有 20 多年的成本会计课程教学经验，在日常教学中对于成本会计教学方法不断地进行改革和创新，并基于多年来对成本会计案例式教学方法进行的研究，形成了一整套的成本会计案例式教学的理论方法和应用案例。本书是对这些研究成果的一个总结和展示，希望能够给同仁一些启发和帮助。本书所涉及的案例，其公司名称、人员姓名以及数据，均经过二次加工，合理化虚构，读者在参考引用时请注意。同时，由于笔者水平所限，书中纰漏和不足之处在所难免，也恳请广大读者给予批评指正。

贵州商学院 李志远

2024 年 2 月 24 日

目　　录

第 一 章

成本会计与案例式教学方法

第一节 案例式教学法

一、案例式教学法的界定

案例式教学法最早诞生于美国哈佛商学院，它是一种以实事案例为基础资料开展教学活动的方法。《教育大辞典》将其定义为"高等学校社会科学某些学科类门类专业教学中的一种教学方法。即通过组织学生讨论一系列案例，提出解决问题的方案，使学生掌握有关的专业技能、知识和理论"。案例式教学法本质上是一种自下而上的教学方法，所设计的案例往往没有特定的答案。在教学过程中，教师扮演着案例设计者和方案解决激励者双重角色，教师借助教学案例引导学生进行独立思考，鼓励学生积极参与研究讨论，这种教学方法打破了传统教学中教师扮演知识传授者的惯例，提高了学生的教学参与度，也能够达到启发式教学的目的。案例式教学法有利于培养学生对专业知识的实践应用能力，让学生做到理论联系实际。

从学生的角度来看，案例式教学法是学生对教师提供实事案例进行分析讨论进而发表各自见解，进行交流并相互点评。这是一种发现式学习，学生通过发现问题、解决问题获得学习体验和成就感。通过参与案例教学活动，学生体验了在真实情景中处理专业问题的过程，而且通过参与案例的讨论，学生还获得了团队合作、沟通交流等现实技巧和能力。

二、案例式教学法的特点

（一）学习的交互性

传统的教育教学中，教师往往只是单边传授固定的知识，学生只是对教师所教授的内容进行不做加工、不带理解的被动接受。而案例式教学法以案例为载体，学生通过参与案例分析和讨论进行交互性的学习。这种交互性交流不仅体现在教师与学生之间，也体现在学生小组与小组之间。从教师介绍案例背景到学生以小组的形式对案例进行分析，再到由学生代表进行陈述讨论，到最后环节由教师总结复盘，每个环节都体现了学习的交互性。

（二）情景的真实性

案例教学中所应用的案例基本上都来自现实生活，情景完全是真实的，一般也不会加入教师的评论和分析，这些真实的、不加勾兑的情景氛围对学生了解实际工作环境是有帮助的。学生在这种真实场景下，根据自己所学的知识，进行的分析和讨论，所得出的结论，更能够经得起现实的考验。教学案例情境的真实性决定了案例式教学法对培养学生实践操作能力具有更强的针对性。

（三）知识的综合性

案例式教学法是通过综合案例的分析研讨进行知识传授的，与传统教学中一般的举例相比，其涉及的案例包含内容更丰富，案例分析、解决方案的过程也更为复杂。学生需要具备多方面知识储备，综合运用所学知识，而且还要具有审时度势、权衡应变、果断决策的能力。在案例教学的实际应用中，学生往往还会将课堂上的案例延伸到课堂以外，用课外丰富的社会实践来验证案例教学中所学的理论和实践知识。

三、运用案例式教学法的意义

案例式教学法完全突破了传统讲授式教学中教师绝对占主导、学生只能被动接受的"自上而下"的知识传授模式，使学生能够通过案例在真实情景中体验运用专业知识自己发现问题、分析问题并自主寻求解决问题的途径。这种独特的教学运行模式具有传统讲授式教学法无可比拟的优势，案例式教学法作为工商管理类专业应用人才培养的有效手段已经得到了国际的广泛认可，并普遍应用于工商管理类教学中。

应用型本科院校要注重学生解决实际问题能力的培养，要让学生能够学以致用，将专业理论知识熟练地应用于实际工作。这就需要教育工作者能够冲破传统教育教学法的束缚，结合专业培养内容选择适当的教学手段和方法。案例式教学法注重实践情境的构成，以生产经营过程作为基础逻辑，关注整体教学活动与经营管理过程的融合。它往往要从教学思想的战略高度进行精心的教学组织设计，从案例的采编到教学应用构建一个完整案例教学系统和模式。从一定意义上来讲，案例式教学法是知行合一思想在教育教学中的具体体现。

第二节　成本会计教学改革

一、成本会计的教学内容

大多数本科院校财会类专业的成本会计课程一般设置 32 课时，而学生前序先修课程包括基础会计学、中级财务会计等。从课程内容安排来看，成本会计课程一般包括要素费用的核算、辅助生产费用及制造费用的归集和分配、产品成本核算的基本方法以及成本报表的编制等内容。

通过成本会计课程的学习，要求学生能够明确成本会计的职能和任务；知悉我国产品成本核算的制度性规定；认识成本会计核算与监督和企业管理活动之间的关系、成本会计与管理对提高企业经济效益的重要性；掌握产品制造或提供服务成本的核算、控制和分析的基本原理；掌握产品成本计算的品种法、分批法和分步法等方法及成本报表与分析的方法。成本会计课程的学习，一方面为后续管理会计、审计等专业课程的学习奠定基础，另一方面为未来职业生涯培养实践操作能力。

二、成本会计课程的特点

（一）系统性强

成本会计课程的教学内容，从要素费用的核算到成本费用的分配与结转，再到产品成本的形成，各章节的内容之间环环相扣，步步为营，有着非常严谨的逻辑关系。虽然人工费、材料费等各要素费用在选择分配方法时略有区别，辅助生产费用和制造费用的分配也是各具特色，但总体上它们属于一个计算系统，需要综合考虑计算的先后顺序，需要考虑费用要素的空间分布，才能够全面掌握成本核算的内容。这种关系尤其表现在成本会计的核算一般都有严格的程序，人们必须按照规定的程序才能准确计算出产品成本。在进行产品成本分析时，我们也要遵循成本分析的逻辑关系和顺序，才能保证产品成本分析的准确性。这种系统性的特征，要求学生对成本会计课程的学习要有整体观，要掌握课程各部分内容的逻辑关系，从整体上把握成本会计的基本核算原理和方法。

（二）实践性强

成本会计教学的直接目标就是教会学生计算产品成本，而产品成本的计算是实际生产经营活动中必不可少的一个环节。这就要求成本会计核算的内容要来自生产一线，无论是理论设计还是案例素材都要来自企业实践。成本会计课程的内容要全面反映企业从物资采购到生产过程中实际损耗情况，需要学生了解企业产品生产的全过程，能够理解产品成本是如何在生产流水线上逐渐形成的；需要学生通过了解企业生产经营组织情况，根据企业生产经营特点，来选择成本核算对象及核算方法。对于不了解企业生产实际的学生来说，要想学好成本会计是有一定难度的。

（三）计算过程复杂

在成本会计核算中，各个生产要素从投入到产成品验收入库，涉及各种费用支出的归集和分配，核算内容多、计算方式多、公式表格多。在对各类数据进行归纳、整理和计算过程中，还要理解掌握各计算步骤之间、各类数据之间的钩稽关系。产品成本是围绕成本核算对象进行的归集的，在实际应用过程中，每一种产品都可能有多种不同的计算方法，而每一种成本计算方法还会涉及大量的表格填写，表格之间的逻辑关系错综复杂又灵活多变。这种内容和计算过程的复杂性，增加了学生学习的难度。

三、成本会计教学存在的问题

（一）教学内容和方式单一

目前，大多数高校的成本会计课程的教学内容都是围绕制造业企业的成本核算来组织安排的。课堂教学中主要讲授各成本费用要素如何分配，各种产成品成本如何形成，基本原理和方法依然停留在传统的主观因素法阶段。没有考虑新兴行业成本核算的特殊性，也没有考虑数字化环境对成本核算的影响。教学方式以课堂讲授为主，辅以课后练习或实验，学生处于被动接受知识、被动接受训练状态。在学生不主动了解产品或服务成本形成过程的情况下，教师通过讲授会计专业知识要求学生掌握产品或服务成本的核算，是有一定难度的。

（二）理论和实践相脱节

要素费用的分配和产品成本的计算都有特定的程序和方法，具有较强的理论性与系统性。传统教学模式下，授课教师在课堂上进行理论知识的讲授，学生缺乏对实际生产情境的了解，课后作业或成本会计实验，一般也是偏重理论演算，缺乏对企业实际案例的研讨和模拟训练。这种教学模式使得学生对产品或服务成本的形成没有直观的可视化的认识，所学理论与方法也很难应用到实际工作中去。理论和实践的脱节，不利于应用型人才的培养，脱离了普通高校的教育教学目标。

（三）学生缺乏学习兴趣

成本会计课程涉及的理论知识点较多，几乎所有章节都需要进行大量的计算，传统讲授式教学模式下学生难免感觉枯燥乏味，缺乏兴趣。同时，大多数教材出于整体性考虑，为了系统反映成本核算的流程，各章节的成本数据间的往往存在钩稽关系，并以各种各样的数据表格表现出来。教师需要有针对性对部分表格数据进行讲解并解释其来源，由于学生是被动参与这一教学过程，很容易产生疲劳感，更提不起学习兴趣。

四、成本会计教学改革的必要性

（一）成本会计的软硬件环境发生改变

成本会计是与企业生产、管理与技术联系最为密切的一门课程。当前，随着大数据、物联网、移动互联网、云计算、人工智能等新一代信息技术在企业的应用，成本会计核算与管理正在发生着重大的变化，传统的成本会计教学目标和教学内容已经不能满足人才培养的需要，以理论讲授为主的传统教学模式也面临着种种危机，这要求成本会计的教学必须进行全方位的改革。与此同时，随着网络技术、软件技术和数字化技术的发展，仿真实验软件和设备在教育教学中得到了广泛应用，也给成本会计课程的教学提供了新的手段，为成本会计课程改革提供了新的平台。比如成本会计仿真实验平台中，学生可以按照系统提供的各个模块进行章节业务的练习，系统自动提供各种数据和表格，学生只要完成这些表格，就可以体验成本会计核算的过程，系统会根据学生练习情况给出成绩评价。

（二）成本会计教学的观念亟待改变

在工商管理类专业中，会计学专业具有很强的专业性，它不仅要求学生具有扎实的专业理论知识，还要求学生具备一定的实践操作能力。随着智能化时代的到来，成本会计人才正在从核算型向管理型转换。但当前高校成本会计教学的现状却无法满足社会对管理型成本会计人才的需求。同时，由于高校运行的机制和体制的原因，部分成本会计老师不能根据行业、市场的变化调整教学目标和教学方法，也不愿意花时间、花精力研究新技术背景下成本会计的新变化，进而导致成本会计的教学模式因循守旧，墨守成规。在此背景下，通过教学改革使成本会计课程的教学目标更加合理，教学内容更加科学，教学方法更契合学生需要，具有非常重要的意义。

第三节　案例式教学法在成本会计教学中的应用

成本会计课程的案例式教学就是在成本会计教学中，针对某个成本会计处理问题引入企业实际案例，让学生围绕案例运用所学知识对其进行分析研究，鼓励学生对案例进行公开发言表达观点，相互争论互相借鉴，进而提出解决方案。在案例教学的过程中，要适当淡化教师和学生身份界限，不仅挖掘学生之间的互动交流，还要充分发挥师生之间教学互动，强化学生自主探索和研究的能力。

一、案例库的建设原则

应用案例式教学法的前提是有一个完备的案例库，其中的案例不仅从数量上要满足教学的需要，从内容上还要涵盖成本会计知识传授和能力培养要求。由于高等院校日常授课每次一般不超过 2 学时，在选择案例时，教师还要根据成本会计知识点的教学需要，合理确定案例的大小。笔者认为，成本会计课程案例库建设过程中，应当注意以下三个问题。

（一）案例库应具备完整性和系统性

针对成本会计课程而言，实施案例式教学法需要完成对成本会计知识和技能的全方位传授。因此，成本会计案例库必须能够全面、完整覆盖整个成本会计课程的理论知识和实践训练点，比如案例应该囊括各要素成本的分配、产品成本的归集、成本分析、成本控制等，通过案例学习让学生能够全面了解成本会计的知识体系，从而达成成本会计的教学目的。同时，成本会计课程内容遵循了成本计算的一般逻辑，相关章节是前后连贯的，这就要求各个案例之间具有一定的逻辑关系，而不能只是案例拼凑堆砌。各章节配套的案例要能够由浅入深、循序渐进地引导学生通过对案例的研讨逐步掌握成本会计的知识和技能。

为了实现完整性和系统性，在案例库建设过程中，可以按照成本会计的章节和重要知识节点来组织案例。各个案例既有侧重点又相互关联，整体形成一个系统完整的知识网络。

（二）案例库应具备针对性和适用性

针对性是指成本会计案例库中的每一个案例都应该与特定的学习目标、实际业务场景相对应，以便于学生更好地理解和应用成本会计的知识。适用性则是指每一个成本会计案例都要具有实际可行性和可操作性，能够让学生将所学的理论应用到实际案例的研讨学习中。

比如，案例库建设应该结合各学校的办学方向和专业特色，针对性地组织编写特色案例，以强化学生的专业能力。同时，所收集编写的案例难度和复杂程度也要适合本校学生的水平，以确保案例教学的效果。此外，案例库还应该根据经济和社会发展而不断更新，案例库小组要定期收集整理学生和企业对案例的反馈信息，评价案例数据的准确性、合理性，及时对案例进行调整，以反映企业最新的成本会计实际情况。

（三）案例库应具备典型性和代表性

成本会计案例要具备典型性，能够突出成本会计中的常见问题和关键知识点，让学生通过案例准确完整地理解和把握课程的核心内容。而案例的代表性是要求教学案例能够反映不同行业、不同企业在成本核算与管理的实际情况，使学生能够了解到不同组织形式和业态多种多样的成本核算和管理模式。例如，一个典型的成本核算案例可能会涉及原材料采购、生产加工、售后服务等环节的成本计算，让学生了解成本的构成和分配；而一个代表性的案例可能会展示不同企业在成本控制、成本分析等方面的创新做法，拓宽学生的视野。这样的案例库可以帮助学生更好地理解成本会计的实际应用，提高学生的分析和解决问题的能力。

二、教学案例的编写和收集

教学案例既可以是教师通过查阅文献资料的方式获取案例数据，然后根据课堂教学需要加工编写教学案例，也可以是教师深入到企业一线，收集一手成本会计核算资料，然后经过去伪存真、去粗取精，形成教学案例。其中，对相关的案例资料进行改写、删减、优化等整理工作是必不可少的。总体来说，教学案例的编写一般会经历以下过程：

（1）明确教学目标：在收集案例资料前，首先要明确所要收集案例材料的课程的教学目标，确定通过教学案例希望学生学习到哪些成本会计的知识和技能。

（2）选择合适的案例：教师从实际企业案例、社会新闻、行业报道、研究文献等多方面收集案例素材，然后根据教学目标，选择具有代表性、针对性和适用性的案例素材。

（3）编写案例内容：按照教学内容的需要，对案例素材进行加工整理，确保案例的语言简洁明了，易于理解。同时案例编写还要注意内容完整、准确，比如教学案例一般要包括案例背景、相关数据、问题描述等。

（4）引入思考问题：在教学案例中要设置特定的思考问题，引导学生结合相应知识进行分析和讨论，培养他们的思辨能力和解决问题的能力。

（5）提供参考资料：为了帮助学生更好地理解教学案例，要结合案例的具体内容，提供相关的参考资料，如法律法规、会计准则、税收政策等。

成本会计和企业的成本管理密切相关，随着时间的推移，企业成本管理的实践活动不断创新，教师要及时更新教学案例库，以确保案例的时效性和适用性。这就要求相关教师要多与企业合作、多参加行业研讨会、关注专业媒体，进而多渠道多方式收集案例素材，及时更新和丰富案例库的内容。同时，在日常案例教学中，也可以向学生征求对案例的意见，了解他们的学习体验和感受，不断改进案例的质量。

三、教学案例的应用

案例式教学的基本指导思想是"以案例为先导，以问题为基础，以学生为主体，以教师为主导"。教师必须根据每一次课程的教学目标，学生学习能力、知识储备等因素精心设计每一个教学环节。

（一）课前教学组织

在每一次案例教学课程实施之前，教师首先要综合学生班的具体情况和教学目标选择合适的案例，根据课时安排提前设计好任务环节，同时根据案例讨论需要布置好学生课前预习任务。在制定教学目标选择案例时，要统筹考虑教学班学生的学习环境、学习能力、学习资源等因素，例如对于制造费用的分配方法及适用情况，学生掌握的制造费用知识大致有多少；学生是否已经掌握了制造费用的归集；学生对工业制造企业车间、分厂的生产组织管理情况了解多少；哪些知识需要教师指导；等等。在设计案例讨论的任务点与考核点时，要注意学生完成任务点与考核得分点的协调，根据教学内容合理设计得分权重。有些案例可能还要事先对学生进行分组，并要求小组确认学生的角色分工；或者要求学生在课前查阅相关文献，提前熟悉案例背景材料等。

（二）课中实施过程

在案例教学过程中，要注意突出学生的主体地位，避免传统教学方法中以教师为主的缺陷。同时，教师要发挥引导作用，比如提出主要问题，启发学生开展讨论，引导学生思考和分析的问题；在课堂上还可以组织学生开展小组内或组间的辩论，引导学生在争论中寻找答案，锻炼学生思辨能力。整个教学过程中，教师不事事俱管、不面面俱到，但要把握讨论方向，引导学生营造良好的学习氛围，帮助学生寻找最优答案。

（三）课后双向反馈

案例教学的灵魂在于教学互动，它是一个动态化的教学过程，因此课程考核要注重过程考核。比如在分步法案例教学中，要注意考核学生在各生产步骤的资料整理、表格填列、数据计算、小组讨论等过程中的表现。当然，教师对学生的评价是必不可少的，它涉及学生能否拿到该门课学分的问题。而另一方面，学生对每次案例教学的体验也是至关重要的，它直接影响到教学效果。因此，课后我们要及时收集学生对具体案例的意见反馈，不断地完善案例资料，提高案例教学的效果。

第二章

要素费用核算的案例式教学研究

企业在生产经营过程中，为了生产产品或提供特定的服务都会发生各种各样耗费，会计上将这些耗费进行了分类，其中按费用的经济内容或性质不同而进行的分类，往往被称作生产要素费用。在制造业企业，生产要素费用一般包括外购材料、外购燃料、外购动力、人工费用、折旧费以及其他支出。在成本会计核算中，这些在生产过程中发生的各项生产要素费用，需要采用一定的方法分配结转到成本核算对象中。

这一章的教学目标，就是让学生掌握各类生产费用的归集与分配方法。在教学过程中，一般选取有代表性的要素费用进行讲解。比如本章可以选取涉及材料费、人工费、折旧费用等的案例，作为案例式教学的案例素材。

由于部分内容已经在中级财务会计课程中讲授过，大部分教师对本章内容安排了 4 学时。课前要求学生复习有关存货、职工薪酬和固定资产折旧的核算。

第一节 材料费用案例教学方法及应用

一、案例公司背景资料

黔南纸业股份有限公司主要生产打印用纸和包装用纸。产品生产过程主要包括制浆、制纸两个步骤，公司设置有制浆车间和打印纸车间、包装纸车间等三个基本生产车间，打印纸车间生产 A4 和 B5 两种打印纸，另有供电、供水两个辅助生产车间。

生产用材料包括原料及主要材料、辅助材料、燃料、包装材料和其他材料五大类。材料按实际成本核算，发出材料成本采用月末一次加权平均法计算。该公司每个生产车间只生产一种产品，领用的原材料作为直接材料费用，计入该产品"基本生产成本"明细账的原材料项目。

二、案例公司经济业务

包装纸车间期初在产品成本 4218 元，其中原材料 2588.66 元，燃料和动力 492.34 元，人工费用 680.73 元，制造费用 456.27 元。本月完工产品产量为打印纸 25000 千克，其中 A4 打印纸 15000 千克，B5 打印纸 10000 千克；包装纸 20000 千克。日常材料由仓库进行收发管理，各用料单位填制一式四联"领料单"，从材料仓库领用材料，月末由各用料车间对各种领料或退料凭证进行领用材料数量汇总，财会部门设置专职材料核算员，对领料情况进行划价和金额汇总。

主要的原始凭证：

（1）汇总领料单（见表 2-1 至表 2-4）。

表 2-1 　　　　　　　　　　　汇总领料单

领料部门：打印纸车间　　　　　2023 年 7 月 31 日　　　　　发料仓库：第一仓库

材料编号	材料名称	单位	数量	单价（元）	金额（元）
001	滑石粉	吨	65.8	270	17766
002	硫酸铝	吨	31.8	580.8	18469.44
003	松香	吨	6.75	5376	36288
004	纯碱	千克	1075.9	2.2	2366.98
用途	生产用				

主管：张晓明　　　审批：王利　　　　　领料：徐化发　　　　　发料：李绍辉

第二联 记账联

表 2 - 2　　　　　　　　　　　　汇总领料单

领料部门：包装纸车间　　　　　　2023 年 7 月 31 日　　　　　　发料仓库：第一仓库

材料编号	材料名称	单位	数量	单价（元）	金额（元）
005	柔软剂	吨	1.8	5832	10497.6
006	废黄板线	吨	3	360	1080
用途		生产用			

主管：张晓明　　　审批：王利　　　　　领料：徐化发　　　　　发料：李绍辉

表 2 - 3　　　　　　　　　　　　汇总领料单

领料部门：制浆车间　　　　　　2023 年 7 月 31 日　　　　　　发料仓库：第一仓库

材料编号	材料名称	单位	数量	单价（元）	金额（元）	用途
007	麦草	吨	1137	120	136440	备料
008	烧碱	吨	337.89	737.6	249227.7	蒸煮
009	亚纳	吨	19.245	1051.6	20238.04	蒸煮
010	白灰	吨	95.13	106.4	10121.83	苛化
011	石蜡	千克	225	7.42	1669.5	盘磨
012	硫化碱	吨	7.5	1783.36	13375.2	蒸煮
013	液氯	吨	66.57	1225.95	81611.49	苛化
014	增白剂	吨	840	47.2	39648	成浆
015	洗衣粉	千克	41.25	7.52	310.2	成浆
016	废纸	吨	0.84	2240	1881.6	成浆

主管：张晓明　　　审批：王利　　　　领料：吴化　　　　　发料：李绍辉

表 2 - 4　　　　　　　　　　**领料单**

领料部门：供水车间　　　　　2023 年 7 月 25 日　　　　发料仓库：第一仓库

材料编号	材料名称	单位	数量	单价（元）	金额（元）
	洗涤剂	千克	5000	0.6	3000
用途	生产用				

主管：张晓明　　审批：王利　　　　领料：谢雨　　　　　发料：李绍辉

（2）基本生产领用辅助材料汇总表（见表 2 - 5）。

表 2 - 5　　　　　　　　**基本生产领用辅助材料汇总表**

2023 年 7 月　　　　　　　　　　　　　　　　　金额单位：元

| 材料名称 | 单位 | 单价 | 制浆车间 | | 打印纸车间 | | | | 包装纸车间 | | 合计 | |
| | | | | | 直接材料（A4 纸） | | 间接材料（A4 和 B5 纸） | | | | | |
			数量	金额	数量	金额	数量	金额	数量	金额	数量	金额
塑料网	平方米	9	118.32	1064.88					24.6	221.4	142.92	1286.28
铜丝网	米	105.6			6.7	707.52	10.3	1087.68	94.8	10010.88	111.8	11806.08
聚酯网	米	192					12.6	2419.2			12.6	2419.2
上毛布	千克	82.2			34.25	2815.35	47.5	3904.5			81.75	6719.85
下毛布	千克	79.2			112	8870.4			967.2	76602.24	1079.2	85472.64
齿轮油	千克	4.2							16.2	68.04	16.2	68.04
汽机油	千克	5.76	169	973.44	18	103.68	30	172.8	18	103.68	235	1353.6
黄油	千克	6.24	120	748.8	25	156	15	93.6	14	87.36	174	1085.76
高温黄油	千克	8.16	12	97.92	1	8.16					13	106.08
漱缺油	千克	7.68							307	2357.76	307	2357.76
轴承油	千克	6.48					2	12.96			2	12.96
合计	—	—	—	2885.04	—	12661.11	—	7690.74	—	89451.36	—	112688.3

主管：秦方向　　　　　审核：袁立　　　　　制表：蔡葵

（3）车间部门领用燃料汇总表（见表2-6）。

表2-6　　　　　　　　　　车间、部门领用燃料汇总表

2023 年 7 月　　　　　　　　　　　　　　　　金额单位：元

材料名称	单位	单价	供电车间		供水车间		厂办		设备科		合计	
			数量	金额	数量	金额	数量	金额	数量	金额	数量	金额
原煤	吨	614	156	95784							156	95784
汽油	千克	3.6			210	756	450	1620	80	288	740	2664
合计	—	—	—	95784	—	756	—	1620	—	288	—	98448

主管：宋襄礼　　　　　　审核：张弛　　　　　　　　制表：宋惠茹

（4）基本生产车间领用包装材料汇总表（见表2-7）。

表2-7　　　　　　　基本生产车间领用包装材料汇总表

2023 年 7 月　　　　　　　　　　　　　　　　金额单位：元

材料名称	单位	单价	打印纸车间（各产品）		包装纸车间		合计	
			数量	金额	数量	金额	数量	金额
夹纸板	付	7.8	1080	8424	350	2730	1430	11154
铁丝	千克	5.6	1050	5880	220	1232	1270	7112
编织袋	个	2.5	650	1625	60	150	710	1775
塑料袋	个	0.05			52000	2600	52000	2600
其他	—	—	—	740	—	350	—	1090
合计	—	—	—	16669	—	7062	—	23731

主管：宋襄礼　　　　　　审核：张弛　　　　　　　　制表：宋惠茹

（5）车间、部门一般消耗材料汇总表（见表2-8）。

表2-8 车间、部门一般消耗材料汇总表

2023年7月 单位：元

使用车间或部门		原材料		低值易耗品 （一次摊销法）		合计
		机物料	修理用料	一般工具	劳保用品	
辅助生产车间	供电车间	3402.1	2467.31	469.5	125.31	6464.22
	供水车间	834.6	2533.15	362.82	984.39	4714.96
	小计	4236.7	5000.46	832.32	1109.7	11179.18
基本生产车间	制浆车间	2842.5	1306.4	3503.6	992.6	8645.1
	打印纸车间	1396.6	1278.6	1323.48	984.96	4983.64
	包装纸车间	443.25	387.36	655.15	299.28	1785.04
	小计	4682.35	2972.36	5482.23	2276.84	15413.78
厂部管理部门		9254.20	758.6	453.7	1919.46	12385.96
合计		18173.25	8731.42	6768.25	5306	38978.92

主管：宋襄礼 审核：张弛 制表：宋惠茹

三、案例式教学的组织

（一）讲授理论框架

因为是成本会计的第一次课，应该从总体上讲解成本会计核算的思路。本案例导入前，首先向学生讲解成本会计核算对象的确立，也就是企业最终要计算出来的成本；然后，讲解成本费用核算的一般流程，有些要素费用直接计入产品成本，有些要素费用需要通过"辅助生产成本""制造费用"的核算然后再分配计入产品成本。因为涉及的大部分会计科目在前序课程中都已经学过，教师可以直接向学生展示成本会计核算的账务流程图，让学生从宏观上把握成本会计核算的思路。

（二）案例资料导入

案例资料一般通过学习通等教学平台提前推送给学生，要求学生在课前对案例资料有一个概括的了解。课堂上，教师对案例材料的关键点做强调，比如本案例中黔南公司有五个车间，最终生产的产品有 A4 打印纸、B5 打印纸和包装纸。

（三）案例问题引导

学生熟悉了案例材料后，教师可以提出若干问题，引导学生思考和分析。例如在本案例中，可以要求学生思考黔南公司应该如何确定成本核算对象？A4 打印纸和 B5 打印纸共同消耗的材料费用该如何进行分配？纸浆车间的产品的归宿在哪里？纸浆车间的成本要不要核算？材料费用通过哪些科目最终形成产品成本？等等。

（四）课堂分析讨论

一般院校的教学班人数往往都在 50 ~ 60 人，为了让每个学生都能参与到案例教学中来，可以采用小组讨论的形式，进行案例的分析和研讨。鼓励学生在讨论中提出新的问题，教师及时给予引导和解答。在小组讨论的基础上，由各组推举代表轮流发言，其他组员可以补充发言。

（五）案例教学总结

学生讨论发言结束后，教师要对讨论发言的情况做一下总结。教师事先可以针对案例资料做一些拓展性的教学总结。比如结合该案例材料讲解成本会计的核算对象，可以是产品，也可以是部门、项目、顾客或者作业等，完全根据企业管理的需要来决定成本会计核算对象；共同耗用的材料费用要在不同成本核算对象之间进行分配，分配的标准可以是重量、体积，也可以是额耗用量、定额费用、标准产量等；在成本核算过程中，涉及辅助生产费用和制造费用的归集和分配，这些费用逐渐结转到最终产品成本中去；本案例中纸浆产品，平时也要计算成本，期末根据打印纸车间和包装纸车间的耗用量，结转纸浆成本。另外，教师还要对学生提出的一些例外事项进行点评总结。

在教学过程中，也可以穿插一些练习项目，锻炼学生的实际操作能力。比如利用教学平台或 Excel 表格，要求学生完成《制浆车间领用原料及主要材料汇总表》（见表 2 - 9），熟练掌握计算技巧，并感性认识纸浆成本中材料费用情况。

表 2－9

制浆车间领用原料及主要材料汇总表

2023 年 7 月

金额单位：元

材料名称	单位	单价	备料		蒸煮		苛化		盘磨		成浆		合计	
			数量	金额	数量	金额	数量	金额	数量	金额	数量	金额	数量	金额
麦草	吨	120	1137	136440									1137	136440
烧碱	吨	737.6			337.89	249227.7							337.89	249227.7
亚纳	吨	1051.6			19.245	20238.04							19.245	20238.04
白灰	吨	106.4					95.13	10121.83					95.13	10121.83
石蜡	吨	7.42							225	1669.5			225	1669.5
硫化碱	吨	1783.36			7.5	13375.2							7.5	13375.2
液氯	千克	1225.95						66.57	81611.49				66.57	81611.49
增白剂	吨	47.2									840	39648	840	39648
洗衣粉	千克	7.52									41.25	310.2	41.25	310.2
废纸	吨	2240									0.84	1881.6	0.84	1881.6

主管：宋襄礼   审核：张池   制表：宋惠茹

在案例讨论分析的过程中，还可以要求学生针对要讨论的知识点做相应的训练。比如对于案例中 A4 打印纸和 B5 打印纸共同耗用的材料，可以做分配表计算间接费用分配的结果（见表 2-10 至表 2-12）。

表 2-10　　　　　　　　间接材料费用分配表

车间：　　　　　　　　　　　2023 年 7 月　　　　　　材料名称：主要材料

产品名称	分配标准（产品产量）	分配率（%）	分配金额（元）
A4 打印纸	15000	60	44934.25
B5 打印纸	10000	40	29956.17
合计	25000	—	74890.42

主管：宋襄礼　　　　　审核：张弛　　　　　制表：宋惠茹

表 2-11　　　　　　　　间接材料费用分配表

车间：　　　　　　　　　　　2023 年 7 月　　　　　　材料名称：辅助材料

产品名称	分配标准（产品产量）	分配率（%）	分配金额（元）
A4 打印纸	15000	60	4614.44
B5 打印纸	10000	40	3076.3
合计	25000	—	7690.74

主管：宋襄礼　　　　　审核：张弛　　　　　制表：宋惠茹

表 2-12　　　　　　　　间接材料费用分配表

车间：　　　　　　　　　　　2023 年 7 月　　　　　　材料名称：包装材料

产品名称	分配标准（产品产量）	分配率（%）	分配金额（元）
A4 打印纸	15000	60	10001.4
B5 打印纸	10000	40	6667.6
合计	25000	—	16669

主管：宋襄礼　　　　　审核：张弛　　　　　制表：宋惠茹

（六）课后练习安排

案例分析和讨论主要是找到了解决问题的思路，为了进一步巩固学生专业知识，加强实际操作能力，在案例教学后可以针对案例材料安排学生做一些练习。本案例学生通过汇总计算，应该完成下面账务处理：

（1）借：生产成本——基本生产成本——打印纸车间——A4 打印纸
44934.25
——B5 打印纸
29956.17
生产成本——基本生产成本——包装纸车间——包装纸
11577.6
　　贷：原材料——原料及主要材料　　86468.02

（2）借：生产成本——基本生产成本——制浆车间——纸浆
554523.6
　　贷：原材料——原料及主要材料　　554523.6

（3）借：生产成本——辅助生产成本——供水车间　　3000
　　贷：原材料——辅助材料　　3000

（4）借：生产成本——基本生产成本——制浆车间——纸浆
2885.04
生产成本——基本生产成本——打印纸车间——A4 打印纸
17275.55
——B5 打印纸
3076.3
生产成本——基本生产成本——包装纸车间——包装纸
89451.36
　　贷：原材料——辅助材料　　112688.3

（5）借：生产成本——辅助生产成本——供电车间　　95784
——供水车间　　756
管理费用　　1908
　　贷：原材料——燃料和动力　　98448

（6）借：生产成本——基本生产成本——打印纸车间——A4 打印纸

10001.4

——B5 打印纸

6667.6

生产成本——基本生产成本——包装纸车间——包装纸

7062

贷：原材料——包装材料 23731

（7）借：制造费用——基本生产车间 15413.78

——辅助生产车间 11179.18

管理费用 12385.96

贷：原材料 26904.67

低值易耗品（周转材料） 12074.25

点评：在现阶段，对材料费用的归集分配，是按照其直接受益对象计入了基本生产成本、辅助生产成本、制造费用和期间费用。随着后续课程的进展，辅助生产成本、制造费用会进一步进行分配，结转计入基本生产成本。在打印纸车间的成本核算中，还要将要素费用在 A4 打印纸和 B5 打印纸两种产品之间进行分配。月末，还要将产品生产成本在本月完工产品和月末在产品之间做分配，最后才能计算得出产成品的成本。

第二节　人工费用案例教学方法及应用

一、案例公司背景资料

永昉纺织品有限公司设有纺纱和织布两个生产车间，该公司的主要产品为棉纱（包括经纱、纬纱）和棉布（包括100#棉布、130#棉布）两大系列共四种产品。该公司的工资薪酬主要政策制度如下：

工资薪酬主要包括基本工资、工龄补贴、岗位绩效工资和年终奖。其中岗位绩效工资按照职工个人计件工资产量计算，公司每月按产量核定绩效工资总额下发给车间，由车间根据个人产量据实计件；公司总部及车间管理人员绩效工资根据岗位绩效考评结果计发。

永昉纺织品有限公司目前的基本工资及补贴标准如表2-13所示。

表2-13　　　　　　　　基本工资及补贴标准表　　　　　　单位：元

项目	单位	金额
中班费	每人每班次	10
夜班费	每人每班次	20
基本工资	生产工人每人每月	3000
工龄补贴	每人每年（按工龄）	15

职工事假工资扣款计算方法：

管理人员的工资扣款 = 事假天数 ÷ 本月应出勤天数 ×（基本工资

+ 岗位绩效工资 + 工龄补贴）

工人的工资扣款 = 事假天数 ÷ 本月应出勤天数 ×（基本工资 + 工龄补贴）

职工病假工资扣款计算方法：

管理人员的工资扣款 = 病假天数 ÷ 本月应出勤天数 ×（基本工资 + 工龄补贴）

工人的工资扣款 = 病假天数 ÷ 本月应出勤天数 ×（基本工资 + 工龄补贴）

说明：每月应出勤天数按21.75天计算。

车间发生的人工费按照定额法分摊到各个产品成本中，计算分配公式为：

分配率 = 实际人工费用总额 / $\sum$（各产品产量 × 各产品单位职工薪酬定额）

某产品应分配的人工费用 = 分配率 ×（某单个产品产量 × 某单个产品单位职工薪酬定额）

二、案例公司经济业务

（一）纺纱车间部分职工薪酬相关资料

纺纱车间部分职工薪酬相关资料，如表2-14至表2-17所示。

表 2 – 14　　　　　　　　　纺纱车间职工工龄统计表

姓名	工龄（年）
高勇亮	15
龙凤祥	20
陈勇	10
李大强	8
张鸿洋	6

表 2 – 15　　　　　　　纺纱车间个人产量记录及计件工资计算表

2023 年 9 月

姓名	品种	计量单位	产量	单价（元/千克）	计件工资（元）
李大强	经纱	千克	620	4.2	2604
	纬纱	千克	582	5.4	3142.8
合计			1202		5746.8

表 2 – 16　　　　　　　纺纱车间个人产量记录及计件工资计算表

2023 年 9 月

姓名	品种	计量单位	产量	单价（元/千克）	计件工资（元）
张鸿洋	经纱	千克	650	4.2	2730
	纬纱	千克	810	5.4	4374
合计			1460		7104

表 2 – 17　　　　　　　　纺纱车间考勤统计表

2023 年 9 月　　　　　　　　　　　　　单位：元

岗位	姓名	出勤类别				缺勤类别	
		出勤	加班	中班	夜班	病假	事假
主任	高勇亮	22					
轮班长	龙凤祥	21		8	15	1	
记录长	陈勇	22		8	12		
工人	李大强	21		8	10		1
工人	张鸿洋	22		8	8		

纺纱车间车间主任岗位基本工资为 5000 元，本月绩效工资 4800 元；轮班长岗位基本工资为 3500 元，本月绩效工资为 3200 元；记录长岗位基本工资为 3500 元，本月绩效工资为 3200 元。

（二）织布车间职工薪酬相关资料

织布车间的职工工资薪酬原始资料，包括产量记录、工资计算表、扣款单等同纺纱车间是一样的，为了节约篇幅，案例资料不再列举织布车间的原始凭据，也省略了计算过程，而直接给出了该车间 5 月的工资结算汇总表（见表 2 – 18）。本月织布车间应付工资总额为 8484050 元、代扣款项金额为 16968100 元、实发工资总额为 6787240 元。

（三）辅助生产车间职工薪酬相关资料

永昉公司设有供电、供水、供气三个辅助生产车间，为基本生产车间、公司总部提供供水、供电、供气服务。辅助生产车间的职工工资薪酬原始资料，包括产量记录、工资计算表、扣款单等同纺纱车间也是一样的，为了节约篇幅，案例资料也不再列举各辅助生产车间的原始凭据，也省略了计算过程，而直接给出了各辅助生产车间 5 月的工资结算汇总表（见表 2 – 18）。全部辅助生产职工工资总额为 197875 元、代扣款项金额为 39575 元、实发工资总额为 158300 元。

（四）公司各类完工产品产量及单位职工薪酬定额标准

完工产品产量及单位职工薪酬定额，如表 2 – 19 所示。

表 2 - 18

工资结算汇总表

2023 年 5 月

金额单位：元

部门	人员	职工人数	基本工资	绩效工资	工龄工资	中班费	夜班费	缺勤工资	应付工资	代扣款项		实发工资
										养老金	公积金	
纺纱车间	生产工人	1342	4026000	6039000	268400	161040	241560	114070	10621930	1274631.6	849754.4	8497544
	管理人员	198	594000	950400	39600	23760	35640	16830	1626570	195188.4	130125.6	1301256
	小计	1540	4620000	6989400	308000	184800	277200	130900	12248500	1469820	979880	9798800
织布车间	生产工人	1020	3060000	4590000	204000	122400	183600	86700	8073300	968796	645864	6458640
	管理人员	50	150000	240000	10000	6000	9000	4250	410750	49290	32860	328600
	小计	1070	3210000	4830000	214000	128400	192600	90950	8484050	1018086	678724	6787240
辅助生产车间	供电车间	21	63000	94500	4200	2520	3780	1785	166215	19945.8	13297.2	132972
	供水车间	2	6000	9000	400	240	360	170	15830	1899.6	1266.4	12664
	供气车间	2	6000	9000	400	240	360	170	15830	1899.6	1266.4	12664
	小计	25	75000	112500	5000	3000	4500	2125	197875	23745	15830	158300
合计		2635	7905000	11931900	527000	316200	474300	223975	20930425	2511651	1674434	16744340

注：元以后的角、分省略。

表 2 – 19 完工产品产量及单位职工薪酬定额

产品名称		完工产品产量	单位职工薪酬定额
棉纱	经纱	721500 千克	2432 元/吨
	纬纱	220500 千克	1520 元/吨
棉布	100#棉布	1250000 米	110 元/百米
	130#棉布	1600000 米	120 元/百米

（五）工资薪酬费用分配表

工资薪酬费用分配表，如表 2 – 20 所示。

表 2 – 20 工资薪酬费用分配表 （样表）

2023 年 5 月   金额单位：元

应借科目		成本项目	直接计入	分配计入			合计
				定额标准	分配率	分配金额	
基本生产成本	纬纱	直接人工					
	经纱	直接人工					
	纺纱车间小计						
	100#棉布	直接人工					
	130#棉布	直接人工					
	织布车间小计						
制造费用	纺纱车间	职工薪酬					
	织布车间	职工薪酬					
	小计						
辅助生产成本	供电车间	直接人工					
	供水车间	直接人工					
	供气车间	直接人工					
	小计						
合计							

三、案例式教学的组织

（一）讲授理论框架

人工费是企业产品成本的重要组成部分，工资薪金费用的计算是企业管理工作内容之一。在实际工作中，公司单位一般都制定有严格的工资薪酬计划和发放标准，通常是由人力资源部门对职工工作进行考评，确定职工当月工资薪金及奖金，然后将编制好的工资表交由财务部门发放工资薪金。职工薪酬费用支出需要在总部管理部门、基本生产部门、辅助生产部门之间进行分配。其中，车间管理人员的职工薪酬费用要先在"制造费用"科目中归集，之后和其他制造费用一起分配计入产品成本。在计算分配车间工人的职工薪酬费用时，一般根据生产工时、产量等标准，将人工费计入不同产品成本中去。财务部门在核算职工薪酬费用时，还要考虑计提职工的社会保险费、住房公积金以及职工教育经费、工会经费等，还要代扣需要由个人承担的社会保险费和住房公积金部分。企业在发放工资薪金时，还要按照税法规定，代扣代缴个人所得税。

（二）案例资料导入

案例资料一般通过学习通等教学平台提前推送给学生，要求学生在课前对案例资料有一个概括的了解。人工费用核算案例教学前，也可以要求学生查阅《中华人民共和国劳动法》《中华人民共和国劳动合同法》有关工资薪金的规定。课堂上，教师对案例材料的关键点做强调，比如本案例中永昉公司有两个基本生产车间，生产两个系列四种产品。另外有三个辅助生产车间，为基本生产和企业管理提供辅助生产服务。

（三）案例问题引导

在学生熟悉了案例材料后，教师可以提出若干问题，引导学生思考和分析。比如在本案例中，要求学生思考永昉公司应该如何确定成本核算对象？基本生产车间生产工人的工资应该如何分配计入产品成本中？车间管理人员的工资薪金应该按照什么流程计入产品成本？等等。

（四）课堂分析讨论

本案例的核心知识点是纺纱和织布两个车间工资薪金分配问题，学生分组讨论如何将车间工人工资分配计入产品成本。鼓励学生在讨论中提出新的问题，教师及时给予引导和解答。在小组讨论的基础上，由各组推举代表轮流发言，其他组员可以补充发言。

在教学案例讨论过程中，为了提高讨论效果，教师可以要求学生在讨论确定人工费分配思路后，完成永昉公司职工薪酬费用的分配表，如表 2 - 21、表 2 - 22 所示。

表 2 - 21　　　　　　完工产品职工薪酬定额计算表

产品名称		完工产品产量	单位职工薪酬定额	职工薪酬定额（元）
棉纱	经纱	721500 千克	2432 元/吨	1754688
	纬纱	220500 千克	1520 元/吨	335160
棉布	100#棉布	1250000 米	110 元/百米	1375000
	130#棉布	1600000 米	120 元/百米	1920000

表 2 - 22　　　　　　　工资薪酬费用分配表

2023 年 5 月

应借科目		成本项目	直接计入（元）	分配计入			合计（元）
				定额标准（元）	分配率（%）	分配金额（元）	
基本生产成本	纬纱	直接人工		1754688	0.84	8922421.2	8922421.2
	经纱	直接人工		335160	0.16	1699508.8	1699508.8
	纺纱车间小计			2089848	—	10621930	10621930
	100#棉布	直接人工		1375000	0.42	3390786	3390786
	130#棉布	直接人工		1920000	0.58	4682514	4682514
	织布车间小计			3295000	—	8073300	8073300
制造费用	纺纱车间	职工薪酬	1626570				1626570
	织布车间	职工薪酬	410750				410750
	小计		2037320				2037320

续表

应借科目		成本项目	直接计入（元）	分配计入			合计（元）
				定额标准（元）	分配率（%）	分配金额（元）	
辅助生产成本	供电车间	直接人工	166215				166215
	供水车间	直接人工	15830				15830
	供气车间	直接人工	15830				15830
	小计		197875				197875
合计			2235195	—	—	18695230	20930425

上述工资薪酬费用应该做以下账务处理：

借：生产成本——基本生产成本——纺纱车间——纬纱

8922421.2

——纺纱车间——经纱

1699508.8

——织布车间——100#棉布

3390786

——织布车间——130#棉布

4682514

制造费用——纺纱车间　　　　　1626570

——织布车间　　　　　410750

生产成本——辅助生产成本——供电　166215

——供水　　15830

——供气　　15830

贷：应付职工薪酬——工资　　　　20930425

（五）案例教学总结

学生讨论发言结束后，教师要对讨论发言的情况做一下总结。教师事先可以针对案例资料做一些知识拓展性的教学总结。比如结合该案例材料讲解，当前企业管理中一般以产品作为成本核算对象，尤其是像纺织品公司等传统制造业企业。如果生产工人工资主要根据计件工资计算发放，可以根据产量在产品之间计算分配工资薪酬费用；如果生产工人工资不主要按计件工资计算发放，可以选择实际工时、定额工时或产量等作为分配标准。车间管理人员的工资先在"制造费用"科目归集，将来和其他制造费用一起分配计入产品成本；辅助生产车间工人工资先在"生产成本——辅助生产成本"科目归集，将来和其他辅助生产成本分配计入产品成本。另外，教师还要对学生提出的一些例外事项进行点评总结。

（六）课后练习安排

案例分析和讨论主要是找到了解决问题的思路，为了进一步巩固学生专业知识，加强实际操作能力，在案例教学后可以针对案例材料安排学生做一些练习。比如利用教学平台或 Excel 表格，要求学生完成纺纱车间部分职工工资的计算，熟练掌握计算技巧。纺纱车间工资结算单计算结果如表 2 - 23 所示。

表 2 - 23　　　　　　　　　纺纱车间工资结算单

2023 年 5 月　　　　　　　　　　　　单位：元

姓名	基本工资	绩效工资	工龄工资	中班费	夜班费	缺勤工资	应付工资	代扣款项		实发工资
								养老金	公积金	
高勇亮	5000	4800	225	0	0	0	10025	1203	802	8020
龙凤祥	3500	3200	300	80	300	166.44	7213.56	865.63	577.08	5770.85
陈勇	3500	3200	150	80	240	0	7170	860.4	573.6	5736
李大强	3000	5746.8	120	80	200	143.45	9003.35	1080.40	720.27	7202.68
张鸿洋	3000	7104	90	80	160	0	10434	1252.08	834.72	8347.2
小计	18000	24050.8	885	320	900	309.89	43845.91	5261.51	3507.67	35076.73

其中，李大强事假工资扣款 = 事假天数 ÷ 本月应出勤天数 ×（基本工资 + 工龄补贴）= 1 ÷ 21.75 ×（3000 + 120）= 143.45（元）

龙凤祥病假工资扣款 = 病假天数÷本月应出勤天数×(基本工资 + 工龄补贴) = 1÷21.75×(3500 + 120) = 166.44(元)

点评：成本会计教学有其时间和内容的要求和限制，在人工费用的归集和分配案例中我们把前序课程中都已经讲授过的内容做了删减，比如职工薪酬中有关工会经费、职工教育经费、福利费的核算都做了删减，在发放工资环节也没有考虑个人所得税的代扣代缴，使得案例较为精练，更能够集中解决主要问题。

第三节 折旧费用案例教学方法及应用

一、案例公司背景资料

永昉纺织有限公司设有纺纱和织布两个生产车间，设有供电、供水、供气三个辅助生产车间。该公司的主要产品为棉纱（包括经纱、纬纱）和棉布（包括100#棉布、130#棉布）两大系列共四种产品。

二、案例公司经济业务

永昉纺织有限公司 2023 年 6 月固定资产使用情况及原始价值资料如表 2-24 所示。

表 2-24　　　　　　　　在用固定资产表

部门及资产项目		固定资产原值（元）	折旧率（%）
纺纱车间	房屋及建筑物	56800000	0.3
	机器设备	198600000	0.6
	运输工具	1200000	0.8
织布车间	房屋及建筑物	67800000	0.3
	机器设备	169800000	0.6
	运输工具	1600000	0.8

部门及资产项目		固定资产原值（元）	折旧率（%）
供电车间	房屋及建筑物	3600000	0.3
	机器设备	7600000	0.6
供水车间	房屋及建筑物	2100000	0.3
	机器设备	1800000	0.6
供气车间	房屋及建筑物	320000	0.3
	机器设备	720000	0.6
公司行政管理部门	房屋及建筑物	52400000	0.4
	机器设备	1500000	0.6
合计		565840000	—

该公司按规定设置了固定资产明细账，按平均年限法每月末对所有固定资产计提折旧，计提折旧时假设固定资产残值为零。公司在月末通过编制各车间、部门固定资产折旧计算表，进而汇总编制全公司固定资产折旧计算汇总表来确定当月固定资产折旧费用。

三、案例式教学的组织

（一）讲授理论框架

折旧是企业根据固定资产的磨损耗用情况，在其使用年限内将其价值按照一定的方法合理地分摊到相应的成本核算对象的过程。企业一般在月末计算当月应计提的折旧额，以便准确地计算成本费用，进而与当期的收入相配比，求得当期的利润。

通过本案例关于折旧业务的分析讨论，对模拟企业的折旧费用进行归集和分配，复习巩固企业折旧的知识，进而让每个学生都能够掌握固定资产折旧费用核算的程序、步骤及相应的账务处理。

（二）案例资料导入

由于本案例只涉及折旧并不复杂，只需要在课堂上向同学展示，即可达到案例资料导入的目的。导入案例时，教师要对案例材料的关键点做提示，比如本案例中永昉公司有两个基本生产车间，生产两个系列四种产品；另外有三个辅助生产车间，为基本生产和企业管理提供辅助生产服务；公司总部也涉及固定资产折旧的问题。

（三）案例问题引导

在学生熟悉了案例材料后，教师可以提出若干问题，引导学生思考和分析。比如在本案例中，永昉公司五个车间和公司总部固定资产折旧应该计入哪些会计科目？哪些折旧费用最终形成产品成本？六月份计提折旧时，依据的是月初固定资产资料还是月末的资料？等等。

（四）课堂分析讨论

由于本案例属于小案例，难度也不大，可以先由学生自由讨论，然后由任课老师提问，并就引导问题做出阐述。鼓励其他学生提出反对意见或提出新的问题，教师及时给予引导和解答。

案例分析和讨论主要是找到了解决问题的思路，为了进一步巩固学生专业知识，加强实际操作能力，本次课堂上可以要求学生利用教学平台或 Excel 表格，计算编制完成折旧费用的分配表，计算结果如表 2-25 和表 2-26 所示。

表 2-25　　　　　　　　固定资产折旧计算表

2023 年 6 月

部门及资产项目		固定资产原值（元）	折旧率（%）	计提折旧额（元）
纺纱车间	房屋及建筑物	56800000	0.3	170400
	机器设备	198600000	0.6	1191600
	运输工具	1200000	0.8	9600
	小计	256600000	—	1371600
织布车间	房屋及建筑物	67800000	0.3	203400
	机器设备	169800000	0.6	1018800
	运输工具	1600000	0.8	12800
	小计	239200000	—	1235000

续表

部门及资产项目		固定资产原值（元）	折旧率（%）	计提折旧额（元）
供电车间	房屋及建筑物	3600000	0.3	10800
	机器设备	7600000	0.6	45600
	小计	11200000	—	56400
供水车间	房屋及建筑物	2100000	0.3	6300
	机器设备	1800000	0.6	10800
	小计	3900000	—	17100
供气车间	房屋及建筑物	320000	0.3	960
	机器设备	720000	0.6	4320
	小计	1040000	—	5280
公司行政管理部门	房屋及建筑物	52400000	0.4	209600
	机器设备	1500000	0.6	9000
	小计	53900000	—	218600
合计		565840000	—	2903980

表 2-26　　　　　　　　　　折旧费用分配表

2023 年 6 月　　　　　　　　　　　　　　　　单位：元

应借科目	车间部门	本月固定资产折旧费
制造费用	纺纱车间	1371600
	织布车间	1235000
	小计	2606600
辅助生产成本	供电车间	56400
	供水车间	17100
	供气车间	5280
	小计	78780
管理费用	公司行政管理部门	218600
合计		2903980

相应的账务处理为：

借：制造费用——纺纱车间　　　　　　　　　1371600

　　　　　——织布车间　　　　　　　　　1235000

　　生产成本——辅助生产成本——供电车间　　 56400

　　　　　　　　　　　　——供水车间　　 17100

　　　　　　　　　　　　——供气车间　　　5280

　　管理费用　　　　　　　　　　　　　　 218600

　　贷：累计折旧　　　　　　　　　　　　　　　　2903980

（五）案例教学总结

学生讨论发言和课堂练习结束后，教师要对讨论发言的情况做一下总结。教师事先可以针对案例资料做一些拓展性的教学总结。比如直接成本和间接成本的区别，直接成本是指那些直接形成产品核算对象实体的费用支出，比如直接人工、直接材料费，而间接成本是指那些不直接作用于成本核算对象但有助于产品生产、发挥间接作用的成本；结合该案例材料讲解折旧费用先要根据受益对象计入制造费用或辅助生产成本，然后再随着其他制造费用与辅助生产费用分配计入产品成本核算对象，也就是经纱、纬纱、100#棉布、130#棉布等成本核算对象。另外，教师还要对学生提出的一些例外事项进行点评总结。

点评：在实际工作中，有些公司对于辅助生产车间的折旧费用也是通过"制造费用"科目来核算的，这并不违背企业会计准则的规定，主要看各自公司辅助生产业务繁杂程度以及企业的管理要求。在本案例中，只是用到了年限平均法计算折旧费用，工作量法、双倍余额递减法和年数总和法等其他方法并没有用到，主要原因是这些基本的折旧方法在前序课程中都已经学过，成本会计中主要关注其列支的成本费用科目。

第 三 章

过程性费用核算的
案例式教学研究

企业在产品生产过程中会发生各种各样的成本费用，这些成本费用可以分为直接成本和间接成本。前者主要是指直接材料成本和直接人工成本，其特点是直接形成产品实体，可以根据相关成本费用发生时的原始凭证或原始凭证汇总表直接计入相对应的成本核算对象的成本中。后者主要是指产品在生产加工过程中除直接材料成本和直接人工成本之外的其他生产成本费用，一般作为"辅助生产成本"和"制造费用"来核算，它们作为辅助手段或者间接手段间接有助于产品成本的形成，它们最终也形成产品成本，属于过程性费用。

辅助生产成本和制造费用是制造业企业产品成本的重要组成部分，其特点是在成本费用发生时，企业暂时无法确认其应归属哪一个成本计算对象，因此不能够在费用发生时直接计入对应的产品成本核算对象中去。目前一般的做法是，在辅助生产成本和制造费用发生时，先按其发生的地点设置明细科目进行费用的归集，期末再按照一定的标准、按照特定的分配方法，将辅助生产成本和制造费用依次在各个成本计算对象之间进行分配。

本章主要研究辅助生产成本、制造费用、生产损失内容如何进行案例教学，大部分教师对本章内容安排了6学时。这部分案例教学的目的就是让学生学会辅助生产成本的归集和分配方法、制造费用的归集和分配方法以及生产损失如何进行核算。

第一节 辅助生产案例教学方法及应用

一、案例公司背景资料

丰喜化工厂设有甲醇和乙醇两个基本生产车间，供电车间、维修车间两个辅助生产车间。辅助生产车间发生的成本，以车间为单位进行归集，期末由各受益的车间、部门分摊承担辅助生产成本。为厂部管理部门服务的辅助生产成本计入管理费用，在成本费用发生的当期计入损益，一次性从收入中扣除。

丰喜化工厂设置"生产成本——辅助生产成本"科目并以车间作为明细科目，核算辅助生产车间供电、维修服务而发生的各种成本费用。对于辅助生产车间组织管理生产活动发生的制造费用不通过"制造费用"科目核算，而直接计入辅助生产成本中。

二、案例公司经济业务

（1）丰喜公司 7 月发生的材料费用，如表 3 - 1 所示材料费用分配表。

表 3 - 1　　　　　　　　材料费用分配表
2023 年 7 月　　　　　　　　　　　单位：元

分配对象		成本费用项目	耗用材料金额
甲醇车间	甲醇	直接材料	186360
乙醇车间	乙醇	直接材料	254680
辅助生产部门	供电车间	材料费	48980
	维修车间	材料费	5260
	小计		54240
管理部门		维修费	360
合计			495640

（2）丰喜公司7月发生的人工费用，如表3-2所示职工薪酬分配汇总表。

表 3-2　　　　　　　　　职工薪酬分配汇总表

2023 年 7 月　　　　　　　　　　单位：元

分配对象		成本费用项目	工资薪酬费用
甲醇车间	甲醇	直接人工	14860
乙醇车间	乙醇	直接人工	28640
辅助生产部门	供电车间	工资	6400
	维修车间	工资	3600
	小计		10000
管理部门		工资	7500
销售部门		工资	8500
合计			69500

（3）丰喜公司7月发生的折旧费用，如表3-3所示折旧费用计算表。

表 3-3　　　　　　　　　固定资产折旧计算表

2023 年 7 月　　　　　　　　　　金额单位：元

项目		固定资产名称	原值	月折旧（%）	月折旧额
基本生产车间	甲醇车间	房屋及建筑物	240000	0.3	720
		设备	360000	0.6	2160
	乙醇车间	房屋及建筑物	300000	0.4	1200
		设备	180000	0.6	1080
辅助生产车间	供电车间	房屋及建筑物	336000	0.4	1344
		设备	240000	0.6	1440
	维修车间	房屋及建筑物	204000	0.4	816
		设备	180000	0.8	1440
管理部门		房屋及建筑物	120000	0.4	480
		设备	48000	0.8	384
合计			2208000	—	11064

（4）丰喜公司 7 月发生的办公及其他费用，如表 3-4 所示办公费用和其他费用汇总表。

表 3-4　　　　　　　　办公费用和其他费用汇总表

2023 年 7 月　　　　　　　　　　　单位：元

分配对象		成本费用项目	金额
基本生产车间	甲醇车间	办公费	360
		其他	8210
		小计	8570
	乙醇车间	办公费	480
		其他	8560
		小计	9040
辅助生产成本	供电车间	办公费	950
		其他	10820
		小计	11770
	维修车间	办公费	580
		其他	4216
		小计	4796
管理部门		办公费	760
		其他	5200
		小计	5960
合计			40136

（5）丰喜公司 7 月辅助生产车间提供服务情况，如表 3-5 所示辅助生产车间提供劳务明细表。

表 3 - 5   辅助生产车间提供劳务明细表

2023 年 7 月

车间部门	供电车间（千瓦时）	维修车间（工时）
供电车间		350
维修车间	4500	
甲醇生产车间	40000	1500
乙醇生产车间	35000	1000
管理部门	30000	60
销售部门	12000	280
合计	121500	3190

（6）计划单位成本供电车间每千瓦时 0.6 元；维修车间每工时 6 元。

三、案例式教学的组织

（一）讲授理论框架

关于辅助生产成本的分配已经形成了五种比较成熟的方法。成本会计教学中，主要是让学生掌握这些方法，并学会根据企业的实际生产经营情况和管理需要选择适合的分配方法。在课程开始时，教师要给学生介绍这五种辅助生产成本的分配方法。

1. 直接分配法

直接分配法是指企业在辅助生产费用发生后进行分配时，不考虑各辅助生产车间相互之间提供服务或产品的情况，而是直接将发生的辅助生产费用分配给该辅助生产车间以外的各车间和管理部门。这种方法的程序是：第一步，确定待分配费用，即需要对外分配的辅助生产车间实际发生的费用；第二步，确定分配的基数，即该辅助生产车间向外部各受益对象提供服务或产品的数量；第三步，计算得出辅助生产成本分配率，也叫单位服务或产品的成本；第四步，根据各受益对象的耗用量以及辅助生产成本分配率，计算分配给各受益对象应负担的辅助生产成本。

2. 顺序分配法

顺序分配法是按照一定的顺序对各个辅助生产车间发生成本费用依次进行分配的一种方法。它在分配辅助生产费用时，首先对各个辅助生产车间进行排序，排序标准是相互受益程度的多少，受益少的辅助生产车间排列在前，受益多的辅助生产车间排列在后；然后按排列好的顺序逐一对辅助生产车间成本进行分配。它的关键点在于，每个辅助生产车间在分配费用时，只将本身费用分配给排列在后面的其他辅助生产车间和基本生产车间、管理部门等受益对象，而不再向排在前序的各辅助生产车间分配，以避免费用分配陷入死循环。也就是说，采用这种方法，某个辅助生产车间对外分配的辅助生产费用总和就等于其本身直接归集的各项费用加上所耗用的排列在自己前位的其他辅助生产车间的费用之和。

3. 交互分配法

交互分配法考虑了辅助生产部门之间相互提供服务的因素，通过对辅助生产车间成本的两轮分配，以达到相对准确地将辅助生产成本分配给各受益对象。采用这种方法，首先要根据各辅助生产车间内部相互提供服务数量和各自所发生的成本进行第一次交互分配，进而确定相互提供服务后各自的服务单价；然后将各个辅助生产车间第一次交互分配之后的实际成本，也就是交互分配前的辅助生产成本加上第一次交互分配转入的辅助生产成本，减去第一次交互分配转出的成本费用，根据各个辅助生产车间对外提供服务的数量，在辅助生产车间之外的各个受益对象之间进行分配。

4. 计划成本分配法

计划成本分配法是预先确定辅助生产的计划单位成本，然后按照各受益单位耗用辅助生产服务的数量计算各受益单位应负担的辅助生产计划成本，在期末再将辅助生产车间实际发生成本与按计划单位成本计算分配转出的辅助生产成本进行比较，将该差异按一定的标准在辅助生产车间以外的各受益对象之间进行分配。也有些公司为了简化分配工作，将辅助生产成本的分配差异全部计入管理费用，而不再在各受益单位之间分配。

5. 代数分配法

代数分配法是根据数学原理，根据各辅助生产车间成本费用与受益对象之间的内在逻辑关系，进而设立方程组计算出各个辅助生产车间对外提供服务的单位成本，然后再根据各个受益对象，其中可能包括所有基本生产车间、辅助生产车间和管理部门，根据各受益对象耗用的数量和辅助生产单位成本计算分配辅助生产成本。

讲述上述五种方法时，教师要向学生强调以上几种方法的主要区别。也就是说，辅助生产车间之间相互提供服务的情况下，辅助生产成本是否要交互分配，是一个重要观察点。

（二）案例资料导入

由于本章案例资料较多，应该通过学习通等教学平台提前推送给学生，要求学生在课前对案例资料有一个概括的了解。同时要求学生对辅助生产成本的五种分配方法做预习，以提高课堂教学效率。课堂上，教师对案例材料的关键点做强调，比如本案例中丰喜公司有两个辅助生产车间，为两个基本生产车间和公司管理部门提供服务；同时两个辅助生产部门之间也相互提供服务；辅助生产服务成本最终要计入产品成本和期间费用中。

（三）案例问题引导

在学生熟悉了案例材料后，教师可以提出若干问题，引导学生思考和分析。比如在本案例中，直接分配法只将辅助生产成本对外分配是否合理？顺序分配法有没有解决辅助生产部门之间相互提供服务费用结转的问题？交互分配法考虑了辅助生产部门之间相互提供服务相互分配成本的问题，方法是否科学合理？代数分配法的应用有何优缺点？为什么会有企业用计划成本分配法？等等。

（四）课堂分析讨论

该案例教学因为涉及内容多，建议分段进行研讨。第一阶段，主要是引导学生按照直接分配法等五种分配方法，利用教学平台或 Excel 表格，对案例公司资料进行验算，通过计算操作熟悉每一种分配方法的原理和操作细节；第二阶段，采用小组讨论的形式，对五种分配方法进行对比分析和研讨。

首先要求学生根据案例资料，计算出供电车间和维修车间累计发生的成本。计算结果如表 3-6 所示。

表 3 – 6　　　　　　　　　　辅助生产成本计算表　　　　　　　　　金额单位：元

车间	材料费	人工费	折旧费用	办公及其他费用	合计
供电车间	48980	6400	2784	11770	69934
维修车间	5260	3600	2256	4796	15912
合计	54240	10000	5040	16566	85846

第一阶段，学生根据案例材料计算出的分配结果应该是一致的，以下计算结果供参考。

（1）直接分配法的辅助生产费用分配如表 3 – 7 所示。

表 3 –7　　　　　　　　　辅助生产费用分配表（直接分配法）

2023 年 7 月　　　　　　　　　　　　　金额单位：元

辅助生产车间名称			供电车间	维修车间	合计
待分配费用			69934	15912	85846
对外供应服务数量			117000	2840	—
费用分配率（单位成本）			0.5977	5.6028	—
基本生产车间	甲醇车间	耗用数量	40000	1500	
		分配金额	23908	8404.2	32312.2
	乙醇车间	耗用数量	35000	1000	—
		分配金额	20919.5	5602.8	26522.3
	金额小计		44827.5	14007	58834.5
管理部门		耗用数量	30000	60	
		分配金额	17934.1	336.22	18270.32
销售部门		耗用数量	12000	280	
		分配金额	7172.4	1568.78	8741.18
合计			69934	15912	85846

相应账务处理如下：

借：生产成本——基本生产成本——甲醇　　　　　　　　32312.2

　　　　　　——基本生产成本——乙醇　　　　　　　　26522.3

销售费用		8741. 18
管理费用		18270. 32
贷：生产成本——辅助生产成本——供电车间		69934
——辅助生产成本——维修车间		15912

（2）顺序分配法的辅助生产费用分配如表 3 - 8 所示。

表 3 - 8　　　　　　　辅助生产费用分配表（顺序分配法）

2023 年 7 月　　　　　　　　　　　　金额单位：元

辅助生产车间名称			供电车间	维修车间	合计
待分配费用			69934	15912	85846
服务供应数量			121500	3190	—
费用分配率（单位成本）			0. 5756	4. 9881	—
辅助生产车间	供电	耗用数量		350	
		分配金额		—	
	维修	耗用数量	4500		
		分配金额	2590. 2		
	金额小计		2590. 2		2590. 2
基本生产车间	甲醇车间	耗用数量	40000	1500	—
		分配金额	23024	9772. 35	32796. 35
	乙醇车间	耗用数量	35000	1000	—
		分配金额	20146	6514. 9	26660. 9
	金额小计		43170	16287. 25	59457. 25
管理部门		耗用数量	30000	60	—
		分配金额	17266. 6	390. 78	17657. 38
销售部门		耗用数量	12000	280	—
		分配金额	6907. 2	1824. 17	8731. 37
合计			69934	18502. 2	88436. 2

其中：供电车间对外分配的单位成本 = 69934 ÷ 121500 = 0. 5756（元）

维修车间对外分配的单位成本 = （15912 + 2590. 2）÷（3190 - 350）=
6. 5149（元）

相应账务处理如下：

借：生产成本——基本生产成本——甲醇　　　　　32796.35

　　　　　——基本生产成本——乙醇　　　　　　26660.9

　　生产成本——辅助生产成本——维修车间　　　2590.2

　　销售费用　　　　　　　　　　　　　　　　　8731.37

　　管理费用　　　　　　　　　　　　　　　　　17657.38

　　贷：生产成本——辅助生产成本——供电车间　　　69934

　　　　　——辅助生产成本——维修车间　　　　18502.2

（3）交互分配法的辅助生产费用分配如表3-9所示。

表3-9　　　　　　　　辅助生产费用分配表（交互分配法）

2023年7月　　　　　　　　　　　　　金额单位：元

分配对象			交互分配			对外分配		
辅助生产车间名称			供电	维修	合计	供电	维修	合计
待分配费用（元）			69934	15912	85846	69089.64	16756.36	85846
服务供应数量			121500	3190	—	117000	2840	—
分配率（单位成本）			0.5756	4.9881	—	0.5905	5.9001	—
辅助生产车间	供电	耗用数量		350	350			
		分配金额		1745.84	1745.84			
	维修	耗用数量	4500		4500			
		分配金额	2590.2		2590.2			
	金额小计		2590.2	1745.84	4336.04			
基本生产车间	甲醇车间	耗用数量				40000	1500	—
		分配金额				23620	8850.15	32470.15
	乙醇车间	耗用数量				35000	1000	—
		分配金额				20667.5	5900.1	26567.6
	金额小计					44287.5	14750.25	59037.75
管理部门		耗用数量				30000	60	—
		分配金额				17716.14	354.08	18070.2
销售部门		耗用数量				12000	280	—
		分配金额				7086	1652.03	8738.03
分配金额合计						69089.64	16756.36	85846

其中：供电车间对外分配的费用 = 69934 + 1745.84 − 2590.2 = 69089.64（元）

维修车间对外分配的费用 = 15912 − 1745.84 + 2590.2 = 16756.36（元）

相应账务处理如下：

借：生产成本——辅助生产成本（供电车间）　　　　1745.84

　　　　　　——辅助生产成本（维修车间）　　　　2590.2

　　贷：生产成本——辅助生产成本（供电车间）　　　　2590.2

　　　　　　——辅助生产成本（维修车间）　　　　1745.84

借：生产成本——基本生产成本——甲醇　　　　32470.15

　　　　　　——基本生产成本——乙醇　　　　26567.6

　　销售费用　　　　8738.03

　　管理费用　　　　18070.2

　　贷：生产成本——辅助生产成本——供电车间　　　　69089.64

　　　　　　——辅助生产成本——维修车间　　　　16756.36

（4）计划成本分配法的辅助生产费用分配如表 3 – 10 所示。

表 3 – 10　　　　　　辅助生产费用分配表（计划成本分配法）

2023 年 7 月　　　　　　　　　金额单位：元

分配对象			按计划成本分配			成本差异分配		
辅助生产车间名称			供电	维修	合计	供电	维修	合计
待分配费用（元）			69934	15912	85846	− 866	− 528	—
服务供应数量			121500	3190	—			
分配率（单位成本）			0.6	6				
辅助车间	供电	耗用数量		350	—			
		分配金额		2100	2100			
	维修	耗用数量	4500		—			
		分配金额	2700		2700			
	金额小计		2700	2100	4800			4800
基本生产车间	甲醇车间	耗用数量	40000	1500	—			
		分配金额	24000	9000	33000			33000
	乙醇车间	耗用数量	35000	1000	—			
		分配金额	21000	6000	27000			27000
	金额小计		45000	15000	60000			60000

分配对象		按计划成本分配			成本差异分配		
辅助生产车间名称		供电	维修	合计	供电	维修	合计
管理部门	耗用数量	30000	60	—			
	分配金额	18000	360	18360	− 866	− 528	16966
销售部门	耗用数量	12000	280	—			
	分配金额	7200	1680	8880			8880
分配金额合计		72900	19140	92040	− 866	− 528	90646

其中：供电车间实际成本 = 69934 + 2100 = 72034（元）

供电车间成本差异 = 72034 − 72900 = − 866（元）

维修车间实际成本 = 15912 + 2700 = 18612（元）

维修车间成本差异 = 18612 − 19140 = − 528（元）

相应账务处理如下：

借：生产成本——基本生产成本——甲醇　　　　　　33000

　　　　——基本生产成本——乙醇　　　　　　27000

　　　　——辅助生产成本——供电车间　　　　2100

　　　　——辅助生产成本——维修车间　　　　2700

　　管理费用　　　　　　　　　　　　　　　　18360

　　销售费用　　　　　　　　　　　　　　　　8880

　　贷：生产成本——辅助生产成本（供电车间）　　72900

　　　　——辅助生产成本（维修车间）　　　　19140

结转分配成本差异：

借：管理费用　　　　　　　　　　　　　　　　− 1394

　　贷：生产成本——辅助生产成本——供电车间　　− 866

　　　　——辅助生产成本——维修车间　　　　− 528

（5）代数分配法的辅助生产费用分配如表 3 − 11 所示。

其中构造的方程式为：

$$\begin{cases} 121500x = 69934 + 350y \\ 3190y = 15912 + 4500x \end{cases}$$

其中，假设供电车间单价为 x，维修车间单价为 y。

表 3－11　　　　　　　辅助生产费用分配表（代数分配法）

2023 年 7 月　　　　　　　　　　　　　　　　　金额单位：元

辅助生产车间名称			供电	维修	合计
待分配费用（元）			69934	15912	85846
服务供应数量			121500	3190	—
分配率（单位成本）			0.5924	5.8237	—
辅助车间	供电	耗用数量		350	—
		分配金额		2038.3	2038.3
	维修	耗用数量	4500		—
		分配金额	2665.8		2665.8
	金额小计		2665.8	2038.3	4704.1
基本生产车间	甲醇车间	耗用数量	40000	1500	—
		分配金额	23696	8735.55	32431.55
	乙醇车间	耗用数量	35000	1000	—
		分配金额	20734	5823.7	26557.7
	金额小计		44430	14559.25	58989.25
管理部门		耗用数量	30000	60	—
		分配金额	17767.7	349.61	18117.31
销售部门		耗用数量	12000	280	—
		分配金额	7108.8	1630.64	8739.44
分配金额合计			71972.3	18577.8	90550.1

相应账务处理如下：

借：生产成本——基本生产成本——甲醇　　　　　　32431.55

　　　　——基本生产成本——乙醇　　　　　　26557.7

　　生产成本——辅助生产成本——供电车间　　　　2038.3

　　　　——辅助生产成本——维修车间　　　　　　2665.8

　　销售费用　　　　　　　　　　　　　　　　　　8739.44

　　管理费用　　　　　　　　　　　　　　　　　　18117.31

　　贷：生产成本——辅助生产成本——供电车间　　71972.3

　　　　　　——辅助生产成本——维修车间　　　　18577.8

除了教师引导的问题之外，学生在做上述训练过程中一般都会产生一些新问题。教师要鼓励学生在讨论中提出新的问题，教师及时给予引导和解答。在学生完成第一阶段训练后，就可以开始第二阶段的任务，也就是采用小组讨论的形式，对五种分配方法进行对比分析和研讨。在小组讨论的基础上，由各组推举代表轮流发言，其他组员可以补充发言。

（五）案例教学总结

学生讨论发言结束后，教师要对讨论发言的情况做一下总结。教师事先可以针对案例资料做一些拓展性的教学总结。比如直接分配法简单直观，对于辅助生产车间之间相互提供辅助生产服务较少的企业，可以选择使用；而顺序分配法则适用于辅助生产部门之间相互提供服务不均衡的情况，可以按照各自收益情况进行排队，然后按照顺序对辅助生产成本进行分配，这种方法的关键点是对辅助生产车间按收益情况进行排队；对于辅助生产车间之间相互提供服务且较均衡的情况，可以用交互分配法，但交互分配法需要进行两个阶段的测算，程序较为复杂，计算结果只是相对准确；计划成本分配法在实际工作中应用比较广泛，它具有计算方便及时的优点，而且成本差异不大时可以将差异直接计入管理费用；代数分配法要求根据数据之间的数学逻辑构造方程式，然后通过求解计算出分配率，进而进行辅助生产成本的分配，尤其是在当前智能化水平越来越高的情况下，通过在软件中嵌入这些逻辑关系，能够准确方便地对辅助生产成本进行分配。除了这些常规的知识点总结外，教师还要对学生提出的一些例外事项进行点评总结。

点评：引导学生理解不同分配方法中的数据逻辑关系，是本章案例学习的一项重要任务。

第二节 制造费用案例教学方法及应用

一、案例公司背景资料

兴农有限公司为制造业企业，有一个基本生产车间，主要生产播种机、收割机两种产品，公司分别以播种机和收割机作为成本核算对象，同时设置了"制造费用"科目核算基本生产车间组织和管理基本生产活动发生的费用，制造费用按照生产工时在产品之间进行分配。7月播种机生产人工工时为15000小时，收割机生产人工工时为10000小时。

公司另设有供水、供电两个辅助车间，会计上按照辅助生产车间为对象核算辅助生产成本，辅助生产费用按照直接分配法在受益单位之间分配。

二、案例公司经济业务

（1）2023年7月企业发生的各项要素费用情况，如表3–12、表3–13、表3–14和表3–15所示。

表3–12　　　　　　　　　　　材料费用分配表

2023年7月

应借科目		直接计入金额（元）	分配计入		材料费用合计（元）
			定额消耗量（公斤）	分配金额（元）（分配率1.7）	
基本生产成本	播种机	16200	38000	64600	80800
	收割机	7500	12000	20400	27900
小计		23700	50000	85000	108700
辅助生产成本	供电	4600			4600
	供水	6600			6600
小计		11200			11200
制造费用		2200			2200
管理费用		2200			2200
销售费用		2000			2000
合计		41300	50000	85000	126300

表 3 – 13　　　　　　　　　外购动力费用分配表

2023 年 7 月

应借科目		成本或费用项目	生产工时（小时）（分配率为 2）	度数（单价 0.5 元）	金额（元）
基本生产成本	播种机	燃料及动力	15000	20000	40000
	收割机	燃料及动力	10000	30000	35000
	小计		25000	50000	75000
辅助生产成本	供电	水电费		8000	4000
	供水	水电费		3000	1500
	小计			11000	5500
制造费用		水电费		8000	4000
管理费用		水电费		6000	3000
销售费用		水电费		4000	2000
合计			25000	79000	895000

表 3 – 14　　　　　　　　　职工薪酬分配表

2023 年 7 月

应借科目		成本或费用项目	直接计入	分配计入			工资总额（元）
				生产工时（小时）	分配率（%）	分配金额（元）	
基本生产成本	播种机	人工费用	21600	15000	4	60000	81600
	收割机	人工费用	19400	10000	4	40000	59400
	小计		41000	25000		100000	141000
辅助生产成本	供电	人工费用	4500				4500
	供水	人工费用	2500				2500
	小计		7000				7000
制造费用		人工费用	9000				9000
管理费用		人工费用	13000				13000
销售费用		人工费用	6000				6000
合计			76000			100000	176000

表 3 - 15　　　　　　　　　　折旧费用分配表

2023 年 7 月　　　　　　　　　　　　单位：元

项目	基本生产车间	辅助生产车间		行政管理部门	专设销售机构	合计
		供电	供水			
折旧费	120000	13300	12800	38000	12000	196000

（2）车间一般消耗费用支出。

7 月公司以银行存款支付基本生产车间机械设备维修费用 86430 元、办公费用 13690 元，保险费 12830 元；领用低值易耗品 9860 元，一次摊销计入当期成本费用。

（3）7 月末完成的辅助生产费用分配表，如表 3 - 16 所示。

表 3 - 16　　　　　　　　　　辅助生产费用分配表

（直接分配法）　　　　　　　　　　金额单位：元

项目			供水车间	供电车间	合计
待分配辅助生产费用（元）			23400	26400	49800
供应辅助生产以外的劳务数量			78000 立方米	44000 度	—
单位成本（分配率）（%）			0.3	0.6	—
基本生产	播种机	耗用数量	28000	20000	—
		分配金额	8400	12000	20400
	收割机	耗用数量	32000	18000	—
		分配金额	9600	10800	20400
基本生产车间一般耗用		耗用数量	10000	2000	—
		分配金额	3000	1200	4200
行政管理部门		耗用数量	5000	2500	—
		分配金额	1500	1500	3000
专设销售机构		耗用数量	3000	1500	—
		分配金额	900	900	1800
合计			23400	26400	49800

三、案例式教学的组织

（一）讲授理论框架

对于制造业企业来说，车间或分厂是其主要的生产部门，也是成本发生的重要场所。对于分厂或车间在日常组织和管理生产的费用，企业一般设置"制造费用"科目进行专门核算，期末再将其分配结转至产品成本核算对象。制造费用通常包括车间的各种机物料消耗、生产用各类固定资产的折旧费用、设备及厂房的修理费、车间一般性消耗水电费、取暖费、劳动保护费、各类保险费以及车间或分厂管理人员的工资薪金等人工费等。辅助生产车间发生的辅助生产成本按照标准分配后，也是先计入"制造费用"科目，然后随同其他制造费用一起分配计入产品成本核算对象。

这一次的案例教学，是要通过对案例公司的制造费用进行归集和分配，让学生掌握制造费用归集和分配的原理和方法，进一步巩固对制造费用内容的理解及相应的账务处理的操作。

（二）案例资料导入

本次案例涉及大量表格，这些表格在前序课程中都用到过，可以作为对前序知识的巩固，通过学习通等教学平台提前推送给学生，或发放纸质案例材料，要求学生在课前对本次案例资料有一个概括的了解。课堂上，教师对案例材料的关键点做强调，比如本案例中兴农有限公司有一个基本生产车间，主要生产播种机、收割机两种产品，公司设置了"制造费用"科目对制造费用进行专门的核算，需要按照生产工时在产品之间进行分配。

（三）案例问题引导

在学生熟悉了案例材料后，教师可以提出若干问题，引导学生思考和分析。比如在本案例中，要求学生思考兴农公司以播种机和收割机作为成本核算对象，生产过程中的成本费用是如何归集分配到两个产品核算对象中的？制造费用根据播种机和收割机的生产工时比例分配的原因有可能是什么？制造费用分配的标准可以有哪些？企业选择的依据是什么？等等。

（四）课堂分析讨论

为了让每个学生都能参与到案例教学中来，可以要求学生首先完成"制造费用明细表"和"制造费用分配表"的编制，具体可参考表 3 - 17 和表 3 - 18。完成两表编制后，可以采用小组讨论的形式，对案例的内容进行分析和研讨，尤其是针对制造费用的分配标准。鼓励学生在讨论中提出新的问题，教师及时给予引导和解答。在小组讨论的基础上，由各组推举代表轮流发言，其他组员可以补充发言。

表 3 - 17　　　　　　　　　制造费用明细账

2023 年 7 月　　　　　　　　　　　　　　单位：元

摘要	机物料消耗	外购动力	职工薪酬	折旧费	修理费	水电费	保险费	低值易耗品	其他	合计	转出
付款凭证					86430	12830			13690	112950	
材料费用分配表	2200									2200	
低值易耗品摊销								9860		9860	
动力费用分配表		4000								4000	
人工费用分配表			9000							9000	
折旧费用分配表				120000						120000	
辅助生产费用分配表					4200					4200	
制造费用分配表										262210	
合计										262210	262210

表 3 - 18　　　　　　　　　制造费用分配表

车间：基本生产车间　　　　　　2023 年 7 月

应借科目		生产工时（小时）	分配率（%）	应分配的费用（元）
基本生产成本	播种机	15000	0.6	157326
	收割机	10000	0.4	104884
合计		25000	1	262210

（五）案例教学总结

学生讨论发言结束后，教师要对讨论发言的情况做一下总结。教师事先可以针对案例资料做一些拓展性的教学总结。比如兴农公司以播种机和收割机作为成本核算对象，生产过程中发生的各种直接材料、直接人工直接计入了播种机和收割机的成本，辅助生产车间发生的成本费用支出在"辅助生产成本"科目归集后分配转入各受益单位账户，包括"基本生产成本""制造费用""管理费用""销售费用"等，而制造费用按照播种机和收割机的生产工时比例进行了分配，至此就可以将车间发生的所有生产成本费用支出分配计入播种机和收割机两个产品核算对象中。分配制造费用选择什么样的分配标准要结合企业的实际生产情况，传统上按照生产工人工时比例、机器台班比例均存在一定的弊端，随着企业成本管理水平的提高，比如作业成本管理等方法的出现，有些企业尝试以作业作为成本核算对象，以作业动因作为各种费用的分配标准，为企业制造费用的合理分配提供了新思路。数智化手段在企业财务工作中的应用，也为未来制造费用的分配提供了新手段。

点评：随着智能设备、智能制造水平的不断提高，制造费用在成本中所占比重越来越大，科学合理地分配制造费用，对于企业成本核算和管理有着举足轻重的作用。

第三节　生产损失案例教学方法及应用

一、案例公司背景资料

宏利精密仪器厂是一家专门生产雕刻机的高新技术企业，由于产品生产过程中废品率较高，因此，企业设置了"废品损失"科目专门核算日常生产中的废品损失；同时，在产品成本的成本项目中增设了"废品损失"成本项目。公司规定了相应的财务流程，废品损失是根据废品损失计算表和分配表等归集和分配，按照产品类别对废品损失进行明细核算。

二、案例公司经济业务

宏利精密仪器厂 2023 年 7 月生产完工雕刻机 1000 件，经验收入库发现不可修复废品 20 件，期末没有在产品。相关生产费用明细表如表 3 – 19 所示：

表 3 – 19　　　　　　　　　　产品成本计算表

2023 年 7 月　　　　　　　　　　　　　单位：元

摘要	直接材料	直接人工	燃料和动力	制造费用	合计
月初在产品成本	0	2000	8000	8000	18000
本月生产费用	480000	260000	112000	90000	942000
生产费用合计	480000	262000	120000	98000	960000

生产用原材料是开工时一次投入，本月份废品残料回收入库价值 2400 元。本月份全部生产工时为 24000 小时，其中合格品的生产工时为 23400 小时，废品的生产工时为 600 小时。

三、案例式教学的组织

（一）讲授理论框架

产品生产过程中出现的废品损失或停工损失统称为生产损失。其中，废品损失是指企业在生产过程中出现不可修复的废品所耗成本费用以及可修复的废品发生的修复费用支出，若废品废料有回收价值或可以收取责任人赔偿，可以抵销部分废品损失。在生产过程中，由于各种原因导致企业停工并因此发生的各种费用支出，属于停工损失。

从会计核算的角度来看，企业对不可修复废品所发生的废品损失，需要从生产成本中计算剥离；而对于可修复废品损失，一般只计算修复阶段发生的费用并将其作为废品损失来核算。企业对停工损失的核算方法，一般是设置"停工损失"科目，归集停工期间发生的各种费用支出。

由于不可修复废品的废品损失核算具有代表性，而可修复废品的废品损失和停工损失的核算较为简单，因此，生产损失的核算可以主要讲解不可修复废品的废品损失核算。

（二）案例资料导入

本节选取的废品损失案例资料可以通过学习通等教学平台提前推送给学生，要求学生在课前对案例资料有一个概括的了解。课堂上，教师对案例材料的关键点做强调，比如本案例中宏利精密仪器厂只生产雕刻机一种产品，期末没有在产品，全部产品都处于完工状态。

（三）案例问题引导

在学生熟悉了案例材料后，教师可以提出若干问题，引导学生思考和分析。比如在本案例中，要求学生思考宏利精密仪器厂要想知道废品损失是多少，应该按照什么思路来核算？废品损失最终应该计入哪个科目？有没有简便方法来核算废品损失？等等。

（四）课堂分析讨论

本案例可以采用小组讨论的形式，要求学生对案例材料进行分析和研讨，计算出废品损失金额。可以参考的计算结果如表 3 – 20 所示。

表 3 – 20　　　　　　　　不可修复废品损失计算表

2023 年 7 月

产品名称：雕刻机　　　　　　废品数量：20 件　　　　　　金额单位：元

项目	数量（件）	直接材料	生产工时（小时）	燃料和动力	直接人工	制造费用	成本合计
费用总额	1000	480000	24000	120000	262000	98000	960000
费用分配率	—	480	—	5	10.92	4.08	—
废品成本	20	9600	600	3000	6552	2448	22200
减：废品残料	—	2400					
废品损失	20	7200	600	3000	6552	2448	19800

相应账务处理如下：

（1）结转废品成本（实际成本）

借：废品损失——雕刻机 22200

　　贷：生产成本——基本生产成本——雕刻机 22200

（2）回收废品残料入库价值

借：原材料 2400

　　贷：废品损失——雕刻机 2400

（3）废品损失转入该种合格产品成本

借：生产成本——基本生产成本——雕刻机（废品损失）

19800

　　贷：废品损失——雕刻机 19800

鼓励学生在讨论中提出新的问题，教师及时给予引导和解答。在小组讨论的基础上，由各组推举代表轮流发言，其他组员可以补充发言。

（五）案例教学总结

学生讨论发言结束后，教师要对讨论发言的情况做一下总结。为了归集和分配不可修复的废品损失，必须首先计算废品的成本。不可修复的废品成本是指该类废品从投产到报废时所耗费的一切费用扣除废品的残值和应收赔款后的余额。由于不可修复废品与合格产品是一起生产出来的，其成本也是归集在一起的，因此，要想知道废品损失是多少，就需要采取一定的方法从"生产成本"账户中将废品损失剥离出来予以确定。宏利精密仪器厂在废品报废时针对废品和合格品发生的全部实际费用，根据产量和工时比例将要素费用在合格品与废品之间进行了分配，计算出了20件废品的实际成本，从"生产成本"账户贷方转入"废品损失"账户的借方，从而计算出废品损失的金额。值得注意的是，废品损失最终还是转回到"生产成本"账户。关于废品损失的其他核算方法，除了按废品所耗实际费用计算外，有些企业为了提高效率会采用废品所耗定额费用来计算的。

点评：因为本案例材料没有涉及在产品，因此放在第三章来讲解。正常情况下，废品损失的核算会涉及在产品、完工产品之间成本费用的分配，可以放在以后章节讲解。

第四章

对象化费用核算的案例式教学研究

通过直接人工、直接材料等费用的归集以及辅助生产费用、制造费用的分配结转，本期生产过程中形成的制造成本已分配至各个成本计算对象。在各成本核算对象的成本明细账上所记录的数据包括了期初在产品成本、本期新增加的生产成本，它们与本期生产的所有完工产品和在产品对应。将已经对象化了的费用在完工产品与在产品之间进行分配，是成本计算中一个重要而复杂的工作。在本章的案例教学中，要教会学生根据企业月末在产品数量的多少、月末在产品数量变化大小、成本项目比重的大小以及企业定额管理情况选择恰当的方法划分完工产品与在产品之间的成本。约当产量法案例、定额比例法案例、定额成本比例法案例一般安排 4 学时。

第一节 约当产量法案例教学方法及应用

一、案例公司背景资料

华兴电机制造公司生产的 JM5 型发电机，产品主要由定子和转子两个关键零件组成。该公司选择按照约当产量法将当月生产费用在完工产品和在产品之间进行分配。

发电机的工时定额为 20 小时，其所用零件在各道工序中加工的工时定额如下：定子有三道工序，各道工序的工时定额分别为 4 小时、2 小时、4 小时；转子有两道工序，各道工序的工时定额分别为 4 小时、6 小时。月末主要零件的材料费用按定额计算，发电机的材料费用定额为 150 元，其中定子单件材料定额 70 元，转子单件材料定额 80 元。

二、案例公司经济业务

9 月初华兴公司在产品费用和本月发生的费用如表 4 - 1 所示。

表 4 - 1　　　　　　　生产费用情况表　　　　　　单位：元

项目	直接材料	直接人工	制造费用	合计
月初在产品费用	36800	11600	30200	78600
本月费用	68900	16400	43800	129100
合计	105700	28000	74000	207700

9 月 JM5 型发电机完工 320 台，月末各工序在产品数量如下：定子 240 件（其中第一道工序在产品 90 件，第二道工序在产品 60 件，第三道工序在产品 90 件），转子 220 件（第一道工序在产品 80 件，第二道工序在产品 140 件）。计算约当产量时假定各道工序在产品的加工程度均为 50%。

三、案例式教学的组织

（一）讲授理论框架

约当产量法的基本思路就是将月末在产品折算成完工产成品的当量，也就是根据月末在产品的完工程度将其数量进行折算，得到其相当于多少完工产品的数量。然后，将产品生产成本费用在完工产品和在产品约当产量之间进行分配，进而计算出完工产品成本和月末在产品成本。

这次授课中，教师要启发学生思考如何计算约当产量？由于其目的是成本费用分配，所以通常是按照投料程度或人工工时耗用情况来计算完工程度，分别计算分配材料费、人工费和制造费用。

（二）案例资料导入

案例资料一般通过学习通等教学平台提前推送给学生，要求学生在课前对案例资料有一个概括的了解。课堂上，教师对案例材料的关键点做强调，比如本案例中华兴电机制造公司的产品由两个主要零件组装，两个主要零件各自有三个或两个工序，每道工序都有工时记录和在产品记录。该公司对于材料费用采用了月末在产品按照材料定额计算成本的方法。

（三）案例问题引导

在学生熟悉了案例材料后，教师可以提出若干问题，引导学生思考和分析。比如在本案例中，要求学生思考转子和定子在产品按加工程度计算约当产量时，总定额工时按照 20 小时计算还是按照 10 小时来计算？为什么对不同工序的在产品要分别计算其完工程度？每道工序的在产品工时如何来计算？在本案例中为什么材料费用不能按照工时定额来计算完工程度？等等。

（四）课堂分析讨论

本案例涉及约当产量的具体计算，为了让每个学生都能参与到案例教学中来，可以要求学生先行计算有关完工进度和约当产量，计算分配完工产品和在产品生产成本，再针对教师引导的问题分小组进行案例的分析和研讨。鼓励学生在讨论中提出新的问题，教师及时给予引导和解答。在小组讨论的基础上，由各组推举代表轮流发言，其他组员可以补充发言。

学生完成相关完工程度和约当产量、产品成本计算的课堂训练，可以参考如表 4－2、表 4－3 所示的计算结果。

表 4－2 约当产量计算表

名称：JM5 型发电机　　　　　　　2023 年 9 月

产品名称	主要零配件	工序	产品工时定额（小时）	在产品完工（％）	在产品数量（件）	在产品约当产量
JM5 型发电机	定子	1	4	10	90	9
		2	2	25	60	15
		3	4	40	90	36
	转子	1	4	10	80	8
		2	6	35	140	49
合计			20	—	460	117

表 4-3　　　　　　　　　　　　产品成本计算表

产品名称：JM5 型发电机　　　　　　　　　　　　　　　　　　金额单位：元

成本项目	生产费用合计	产品数量（件）		分配率（%）	完工产品	月末在产品
		完工产品	在产品			
直接材料	105700	320	460	—	71300	34400
直接人工	28000	320	117	64.0732	20503.42	7496.58
制造费用	74000	320	117	169.3364	54187.65	19812.35
合计	207700	—	—		145991.07	61708.93

其中，月末在产品中直接材料费按照定额材料费用计算，其计算过程为：

月末在产品中直接材料费 = 240 × 70 + 220 × 80 = 34400（元）

完工产品直接材料费用 = 105700 - 34400 = 71300（元）。

（五）案例教学总结

学生讨论发言结束后，教师要对讨论发言的情况做一下总结。教师事先可以针对案例资料做一些拓展性的教学总结。比如在本案例中，由于发电机用到的两种主要零配件定子和转子，计算定子和转子完工程度时不能只根据它们本身的定额工时计算，因为完成一件定子或转子，实际上只是完成了10 个工时，而发电机的总定额工时为 20 小时，需要考虑另一件零件的完成情况；处在每一道工序中的在产品，一般假定它们完成了本工序 50% 的工时，进而根据累计工时确定其完工程度；材料费用在完工产品和在产品之间的分配要看企业具体的情况，如果材料是陆续均匀投入的，也就是说和加工时间成正比例关系，往往是可以按照加工程度比例也就是定额工时比例计算完工进度，进而进行材料费用分配的。材料的投入方式可能各有不同，比如有些企业材料是一开始就一次性投料了，有些企业是在每一道工序开始一次性投料，也就是说投料并不是和加工工时成正比例关系的，这时候就要采用其他方法计算投料率。这个问题可能是学生讨论的一个重点，也是锻炼学生思辨和创新能力的重要机会。另外，教师还要对学生提出的一些例外事项进行点评总结。

点评：如何将在产品数量折算成产成品的约当产量是一个重要的会计技巧，该类案例可以很好地锻炼学生的创新性思维，教师应利用好该类案例。

第二节 定额比例法案例教学方法及应用

一、案例公司背景资料

阳光文具公司生产订书机，该产品主要由底座、压板两种零件构成，原材料在零件开始投产时就一次性全部投入。按照公司规定，月末在完工产品和在产品之间采用定额比例法对当月生产成本费用进行分配。其中，产品耗用的原材料费用按原材料定额成本比例分配；人工费用、制造费用等加工成本按定额工时比例分配。

订书机单件直接材料的费用定额为 11 元，其中底座 5 元/件，压板 6 元/件。该产品的工时定额为 10 小时，两个主要零件各工序的工时定额如表 4-4 所示。

表 4-4 工时定额及月末在产品数量表

零件	所在工序	本工序工时定额（小时）
底座	1	3
	2	2
	小计	5
压板	1	2
	2	3
	小计	5

计算各道工序在产品工时定额时，本工序工时定额按照 50% 计算。

二、案例公司经济业务

11 月，订书机完工产品数量为 600 件。底座和压板各工序的在产品数量如表 4-5 所示。

表 4 - 5   月末在产品数量表

零件	所在工序	在产品数量（件）
底座	1	450
	2	350
	小计	800
压板	1	250
	2	150
	小计	400

订书机在产品 11 月初和当月生产费用如表 4 - 6 所示。

表 4 - 6   月初及本月生产费用表   单位：元

成本项目	直接材料	直接人工	制造费用	合计
月初在产品费用	7200	5600	6700	19500
本月生产费用	15000	14500	12800	42300
合计	22200	20100	19500	61800

三、案例式教学的组织

（一）讲授理论框架

定额比例法是按照完工产品和月末在产品的定额消耗量或定额成本的比例，将产品的生产成本费用在完工产品和在产品成本计算分配的一种方法。这种方法的前提是，企业已经具有良好的定额基础，一般在生产管理中广泛使用了定额管理的方法。教师讲授这部分案例时，要重点让学生体会哪些指标可以成为计算定额比例的标准，要求学生能够根据企业生产特征选择恰当的定额比例计算方法。

（二）案例资料导入

案例资料在课前通过学习通等教学平台提前推送给学生，要求学生在课前对案例资料有一个概括的了解。课堂上，教师对案例材料的关键点做强调，比如本案例中阳光文具公司的产品订书机由两个主要零件组装而成，两个主要零件各有两个工序，每道工序都有工时定额和在产品记录。该公司对于材料费用也制定了消耗定额，可以根据产量计算得出产品中材料的定额费用。

（三）案例问题引导

在学生熟悉了案例材料后，教师可以提出若干问题，引导学生思考和分析。比如在本案例中，要求学生思考阳光公司应该如何确定定额比例的计算方法？按照消耗量还是按照消耗成本计算材料定额比例？按照定额工时比例还是按照定额成本比例来分配人工费成本和制造费用？计算定额比例过程中，选取定额消耗量或定额成本有何不同？等等。

（四）课堂分析讨论

为了让每个学生都能参与到案例教学中来，本案例可以先要求学生对相关费用进行测算，经过对完工产品和在产品成本费用的计算分配，思考定额比例法的基本原理和方法。根据案例资料，按照定额比例法计算得出的产品成本情况如表4－7所示。

表4－7　　　　　　　　　产品成本计算表

产品名称：订书机　　　　　　2023 年 11 月　　　　　　单位：元

摘要	直接材料	直接人工	制造费用	合计
月初在产品成本	7200	5600	6700	19500
本月生产费用	15000	14500	12800	42300
生产费用合计	22200	20100	19500	61800
月末在产品定额	6400	285	285	——
完工产品定额	6600	6000	6000	——
小计	13000	6285	6285	——
分配率	1.7077	3.1981	3.1026	——
月末在产品成本	10929.28	911.46	884.24	12724.98
完工产品成本	11270.72	19188.54	18615.76	49075.02
完工产品单位成本	18.78	31.98	31.03	81.79

其中，按照定额比例法进行计算的过程，可以参考表 4 - 8。

表 4 - 8　　　　　　**在产品工时定额计算表**

产品名称：订书机　　　　　　　　　2023 年 11 月

零件	所在工序	工序工时定额（小时）	完工率（%）	在产品数量（件）	在产品工时定额（小时）
底座	1	3	15	450	67.5
	2	2	40	350	140
	小计	5	—	800	207.5
压板	1	2	10	250	25
	2	3	35	150	52.5
	小计	5	—	400	77.5

完工产品的定额工时 = 600 × 10 = 6000（小时）

在产品定额材料费用 = 800 × 5 + 400 × 6 = 6400（元）

完工产品定额材料费用 = 600 × 11 = 6600（元）

在此基础上，可以采用小组讨论的形式，进行案例的分析和研讨。鼓励学生在讨论中提出新的问题，教师要及时给予引导和解答。在小组讨论的基础上，由各组推举代表轮流发言，其他组员可以补充发言。

（五）案例教学总结

学生讨论发言结束后，教师要对讨论发言的情况做一下总结。教师事先可以针对案例资料做一些拓展性的教学总结。比如结合该案例材料讲解定额比例法的分配标准主要强调的是定额数量，这个定额数量可以是定额消耗量、定额工时，也可以是定额成本。由于材料费用和人工费、制造费用的发生具有不同的特点，因此，企业通常会分别对材料费用和人工费、制造费用采取不同的分配标准。对于材料费用的分配，通常会考虑按照其定额耗用量比例进行分配，其中还要考虑材料是否一次性投入。而对于人工费、制造费用，普遍认为其发生和工时有较密切的关系，因此，一般按照定额工时比例将其在完工产品和在产品之间进行分配。如果生产过程中，材料是陆续投入的，一般也会认为投料的进度和加工程度相关，因此，也可以按照定额工时比例对材料费用进行分配。定额消耗量乘以材料单价就是材料的定额成本，定额工时乘以工时单价就是人工费成本，因此，按照定额材料成本为分配标准和按照定额消耗量为分配标准，对材料费用的分配结果是一样的；按照定额人工成本为分配标准和按照定额工时为分配标准，对人工费用、制造费用的分配结果也是一样的。

在对常见的基本问题进行归纳总结后，教师还要对学生提出的一些例外事项进行点评总结。

第三节　定额成本法案例教学方法及应用

一、案例公司背景资料

北环农业机械制造公司生产收割机，公司基础管理工作好，各项定额资料完整齐全，会计处理上月月末采用定额法计算在产品成本。也就是说，在月末该公司将月初在产品成本加上本月发生的生产费用，减去根据月末在产品数量按定额单价计算的定额成本，然后得出本月完工产品的成本。按照这一计算方法，公司每月生产费用脱离产品定额的差异全部计入到了完工产品成本中。

公司定额及生产统计资料显示，单台收割机直接材料定额成本为4050元，单台工时定额为84小时。收割机的直接材料在生产开工时一次投入，正在加工中在产品加工程度均按50%计算。收割机的各种零件定额资料如表4-9所示。

表4-9　　　　　　　　　收割机零件定额表

零件名称	单件定额	
	原材料（元）	工时（小时）
A	1020	24
B	980	20
C	1100	28
D	950	8

该企业每小时计划直接工资为 5.8 元，每小时计划制造费用为 6 元。

二、案例公司经济业务

北环农业机械制造公司 12 月初收割机在产品成本和当月发生生产费用情况如表 4 - 10 所示。

表 4 - 10　　　　　收割机月初在产品成本及本月生产费用表　　　　单位：元

成本项目	直接材料	直接工资	制造费用	合计
月初在产品成本	269220	18690	15600	303510
本月生产费用	884800	78840	89880	1053520
合计	1154020	97530	105480	1357030

12 月完工收割机数量为 200 台，月末在产品包括 A 零件、B 零件、C 零件、D 零件，各零件在产品资料如表 4 - 11 所示。

表 4 - 11　　　　　　　收割机在产品数量表

零件名称	月末盘存数量（件）	
	半成品	正在加工的零件
A	80	60
B	90	70
C	60	50
D	70	60

三、案例式教学的组织

（一）讲授理论框架

企业将生产费用按照成本核算对象归集后，就需要将这些费用在在产品和完工产品之间进行分配，进而计算出当月完工产品的成本。之前讲过的约当产量法、定额比例法都是比较典型的分配方法，总体上都是按照一定的比例将生产成本费用总数在在产品和完工产品之间进行了分配。定额法简化了这种分配方法，也就是说，如果企业基础管理工作比较好，定额资料完善，在产品可以按定额成本来计算。这种分配方法的关键是按照企业预先制定的定额，按照在产品的数量计算出月末在产品成本，当月生产成本费用总额减去在产品定额成本就是当月完工产品的成本。通过该案例教学，让学生理解定额成本的计算方法，思考在产品成本按定额成本计算的这种方法的适用范围。

（二）案例资料导入

该份案例资料可以通过学习通等教学平台提前推送给学生，要求学生在课前对案例资料有一个概括的了解。课堂上，教师对案例材料的关键点做强调，比如本案例中北环公司收割机的在产品表现为 A 零件、B 零件、C 零件、D 零件，四种零件分别由完工零件和在加工零件组成。不同的状态涉及的定额加工工时不同，相应定额成本不同。生产过程中，原材料是在生产开工时一次性投入的，意味着所有零件中在产品中和完工产品单件原材料费用是一样的。

（三）案例问题引导

在学生熟悉了案例材料后，教师可以提出若干问题，引导学生思考和分析。比如在本案例中，要求学生思考北环公司应该如何计算产品的定额成本？定额资料主要是指哪些方面的定额？完工产品与在产品的定额成本分别应该如何计算？投入材料的方式不一样对于产品定额成本计算有哪些影响？等等。

（四）课堂分析讨论

为了让每个学生都能学会定额成本的计算方法，让大家都能够参与到案例教学中来，针对定额成本计算中可能会存在一些不确定因素，可以采用小组讨论并集体计算完成在产品定额成本的计算，在此基础上进行案例的分析和研讨。根据本案例材料可以计算得出在产品定额成本以及完工产品成本，相关教学参考资料如表 4 - 12 和表 4 - 13 所示。

表 4 – 12　　　　　　　　　　在产品定额成本计算表

2023 年 12 月

零件名称	单件定额		月末盘存数量（件）		在产品定额成本（元）			合计（元）
	原材料（元）	工时（小时）	半成品	在加工零件	直接材料	直接工资	制造费用	
A	1020	24	80	60	142800	15312	15840	173952
B	980	20	90	70	156800	14500	15000	186300
C	1100	28	60	50	121000	13804	14280	149084
D	950	8	70	60	123500	4640	4800	132940
合计	4050	80	300	240	544100	48256	49920	642276

表 4 – 13　　　　　　　　　　产品成本计算表

2023 年 12 月　　　　　　　　　　　　　　单位：元

摘要	直接材料	直接工资	制造费用	合计
月初在产品成本	269220	18690	15600	303510
本月生产费用	884800	78840	89880	1053520
生产费用合计	1154020	97530	105480	1357030
月末在产品成本	544100	48256	49920	642276
完工产品成本	609920	49274	55560	714754
完工产品单位成本	3049.6	246.37	277.8	3573.77

鼓励学生在讨论中提出新的问题，教师及时给予引导和解答。

（五）案例教学总结

学生讨论发言结束后，教师要对讨论发言的情况做一下总结。教师事先可以针对案例资料做一些拓展性的教学总结。比如结合该案例材料讲解成本会计将生产费用对象化归集后主要就是要将其在月末在产品和完工产品之间进行分配。分配方法的选择要根据企业的具体管理情况和产品生产特征，如果企业定额管理基础工作较好，期末在产品数量不大的情况下，可以用定额成本来代表月末在产品成本。而对于月末在产品数量较大或者波动较大的情况下，选择按照定额比例法对生产成本费用进行分配则是较合理的。相对来说，约当产量法则适用于更多的情形，但其缺点是要求对在产品进行约当产量的折算。另外，教师还要对学生提出的一些例外事项进行点评总结。

第 五 章

全景式成本核算的
案例式教学研究

　　企业产品成本的核算就是将生产成本费用对象化的过程。企业在进行成本会计核算时，首先要明确企业的基本情况，综合考虑产品生产的特点、生产组织管理对成本核算的要求，在此基础上确定成本核算的对象，并结合生产费用内容和企业管理实际需要确定成本项目；然后，按照成本核算对象进行产品生产费用的归集和分配；接下来，将已经对象化的生产成本费用在完工产品与在产品之间进行分配，计算确定当期完工产品的成本，并编制产品成本计算单，并将完工产品成本结转至库存商品账户。从产品成本核算对象如何确定的角度来看，成本会计核算方法包括品种法、分批法、分步法等。品种法是以产品品种作为成本计算对象归集生产成本费用的一种方法。分批法是以产品批次作为成本计算对象归集生产成本费用的一种方法。分步法是以产品的生产步骤作为成本计算对象归集生产成本费用的一种方法，分步法根据成本费用结转的方式不同进一步分为逐步结转分步法和平行结转分步法。

　　在实际工作中，为了简化产品成本的核算工作，对于产品品种、规格繁多，且品种规格相近，工艺过程基本相同的产品，企业可按一定标准进行分类的多种产品，采用分类法进行产品成本核算。而对于产品生产已经定型、产品结构及工艺基本稳定、定额管理制度比较健全及各项生产费用消耗定额稳定，还可以采用定额法进行产品成本计算。

　　为了让学生系统全面地掌握这些成本核算的方法，一般需要组织全景式成本核算的案例进行案例式教学。这种案例的特点是素材数据多、环节程序全、约束条件杂、选择空间大，在案例教学的组织方式、时间安排和效果评价都需要有特殊的考虑。该部分案例教学一般安排 10 课时。

第一节　品种法案例教学方法及应用

一、案例公司背景资料

永阳股份有限公司是一家纺织企业，该公司有一个基本生产车间编织车间，该车间大量生产毛衣、毛裤、毛背心等三种产品，从生产工艺过程角度来看，基本生产属于单步骤生产。公司根据生产特点和自身管理的需要，选择确定按照品种法对三种产品进行成本核算。为了保证基本生产的正常进行，该公司还设有供水车间、运输车间等两个辅助生产车间。三个车间组织管理生产的费用均通过"制造费用"科目核算，月末制造费用按毛衣、毛裤、毛背心等三种产品的实际工时比例进行分配。三种主要产品成本计算单设置了"原材料""燃料及动力""人工费用""制造费用"四个成本项目。

编织车间、供水车间生产工人工资采用计时工资计算，运输车间生产工人工资采用计件工资的方法计算。编织车间生产工人工资，在毛衣、毛裤、毛背心三种产品之间按产品的实际工时比例分配。

生产经营管理中用到的低值易耗品，采用一次转销法直接计入产品成本或期间费用；辅助生产费用月末采用直接分配法在受益对象之间进行分配；该企业产品的消耗定额制度稳定合理，毛衣、毛裤、毛背心等产品的月末在产品数量变动不大，对于对象化的生产费用在完工产品和在产品成本之间的分配，采用了在产品按定额成本计价的方法。

二、案例公司经济业务

（1）根据 9 月公司各类付款凭证汇总各生产车间、公司管理部门费用支出情况，如表 5 - 1 所示。

表 5-1 　　　　　　　　　　各单位费用支出汇总表　　　　　　　　　单位：元

部门	办公费	劳动保护费	其他	合计
编织车间	60000	40000	57500	157500
供水车间	32500	42500	25000	100000
运输车间	25000	25000	27500	77500
管理部门	55000	20000	25000	100000

上述支出均为银行转账支出。

（2）9月，毛衣、毛裤、毛背心三种产品共同领用毛线 1500 千克，共计 84000 元。本月投产毛衣产品 240 件、毛裤产品 250 件、毛背心产品 200 件，产品耗用毛线材料消耗定额如表 5-2 所示。毛衣、毛裤、毛背心按原材料定额消耗量比例分配毛线费用。

表 5-2 　　　　　　　　　　产品材料消耗定额表

品种	毛衣产品材料消耗定额	毛裤产品材料消耗定额	毛背心产品材料消耗定额
毛线	2.5	2	1.5

编制车间本月生产经营过程中领用其他材料的相关信息如表 5-3 至表 5-24 所示。

表 5-3 　　　　　　　　　　领料单 NO.01

领料单位：编织车间　　　　　　　　2023 年 9 月 1 日　　　　　　　　发料仓库：基地仓库

编号	材料名称	规格	计量单位	数量		计划单价（元）	金额（元）
				请领	实发		
01	O		千克	250	250	1.00	250
用途	机物料消耗			备注			

批准：刘纲　　　保管员：王丽　　　记账：张扬　　　领料主管：况小平　　　领料人：曹军

表 5 - 4　　　　　　　　　**领料单 NO. 02**

领料单位：编织车间　　　　　2023 年 9 月 1 日　　　　　发料仓库：基地仓库

编号	材料名称	规格	计量单位	数量		计划单价（元）	金额（元）
				请领	实发		
04	D		吨	1.2	1.2	3000	3600
用途	毛背心产品耗用			备注			

批料：刘纲　　保管员：王丽　　记账：张扬　　领料主管：况小平　　领料人：曹军

表 5 - 5　　　　　　　　　**领料单 NO. 03**

领料单位：编织车间　　　　　2023 年 9 月 1 日　　　　　发料仓库：基地仓库

编号	材料名称	规格	计量单位	数量		计划单价（元）	金额（元）
				请领	实发		
03	C		升	6	6	1400	8400
用途	毛裤产品耗用			备注			

批料：刘纲　　保管员：王丽　　记账：张扬　　领料主管：况小平　　领料人：曹军

表 5 - 6　　　　　　　　　**领料单 NO. 04**

领料单位：编织车间　　　　　2023 年 9 月 2 日　　　　　发料仓库：基地仓库

编号	材料名称	规格	计量单位	数量		计划单价（元）	金额（元）
				请领	实发		
02	B		吨	1.6	1.6	2000	3200
用途	毛衣产品耗用			备注			

批料：刘纲　　保管员：王丽　　记账：张扬　　领料主管：况小平　　领料人：曹军

表 5 - 7　　　　　　　　　**领料单 NO. 05**

领料单位：编织车间　　　　　2023 年 9 月 6 日　　　　　发料仓库：基地仓库

编号	材料名称	规格	计量单位	数量		计划单价（元）	金额（元）
				请领	实发		
20	T		件	60	60	2.00	120
用途	毛衣生产用低值易耗品			备注			

批料：刘纲　　保管员：王丽　　记账：张扬　　领料主管：况小平　　领料人：曹军

表 5 – 8　　　　　　　　　　　　**领料单 NO. 06**

领料单位：编织车间　　　　　　　2023 年 9 月 6 日　　　　　　　发料仓库：基地仓库

编号	材料名称	规格	计量单位	数量		计划单价（元）	金额（元）
				请领	实发		
10	J		千克	160	160	2.00	320
用途	设备修理用			备注			

批料：刘纲　　保管员：王丽　　记账：张扬　　领料主管：况小平　　领料人：曹军

表 5 – 9　　　　　　　　　　　　**领料单 NO. 07**

领料单位：编织车间　　　　　　　2023 年 9 月 7 日　　　　　　　发料仓库：基地仓库

编号	材料名称	规格	计量单位	数量		计划单价（元）	金额（元）
				请领	实发		
19	S		件	80	80	1.50	120
用途	毛衣生产用低值易耗品			备注			

批料：刘纲　　保管员：王丽　　记账：张扬　　领料主管：况小平　　领料人：曹军

表 5 – 10　　　　　　　　　　　**领料单 NO. 08**

领料单位：编织车间　　　　　　　2023 年 9 月 7 日　　　　　　　发料仓库：基地仓库

编号	材料名称	规格	计量单位	数量		计划单价（元）	金额（元）
				请领	实发		
09	I		千克	120	120	1.25	150
用途	设备修理用			备注			

批料：刘纲　　保管员：王丽　　记账：张扬　　领料主管：况小平　　领料人：曹军

表 5 – 11　　　　　　　　　　　**领料单 NO. 09**

领料单位：编织车间　　　　　　　2023 年 9 月 8 日　　　　　　　发料仓库：基地仓库

编号	材料名称	规格	计量单位	数量		计划单价（元）	金额（元）
				请领	实发		
08	H		千克	130	130	2.00	260
用途	机物料消耗			备注			

批料：刘纲　　保管员：王丽　　记账：张扬　　领料主管：况小平　　领料人：曹军

表 5 – 12 　　　　　　　　　　　领料单 NO. 10

领料单位：编织车间　　　　　　　2023 年 9 月 9 日　　　　　　　发料仓库：基地仓库

编号	材料名称	规格	计量单位	数量		计划单价（元）	金额（元）
				请领	实发		
07	G		千克	450	450	1.00	450
用途	机物料消耗			备注			

批料：刘纲　　　保管员：王丽　　　记账：张扬　　　领料主管：况小平　　　领料人：曹军

表 5 – 13 　　　　　　　　　　　领料单 NO. 11

领料单位：编织车间　　　　　　　2023 年 9 月 16 日　　　　　　发料仓库：基地仓库

编号	材料名称	规格	计量单位	数量		计划单价（元）	金额（元）
				请领	实发		
20	T		件	80	80	2.00	160
用途	毛衣生产用低值易耗品			备注			

批料：刘纲　　　保管员：王丽　　　记账：张扬　　　领料主管：况小平　　　领料人：曹军

表 5 – 14 　　　　　　　　　　　领料单 NO. 12

领料单位：编织车间　　　　　　　2023 年 9 月 16 日　　　　　　发料仓库：基地仓库

编号	材料名称	规格	计量单位	数量		计划单价（元）	金额（元）
				请领	实发		
10	J		千克	150	150	2.00	300
用途	设备修理用			备注			

批料：刘纲　　　保管员：王丽　　　记账：张扬　　　领料主管：况小平　　　领料人：曹军

表 5 – 15 　　　　　　　　　　　领料单 NO. 13

领料单位：编织车间　　　　　　　2023 年 9 月 17 日　　　　　　发料仓库：基地仓库

编号	材料名称	规格	计量单位	数量		计划单价（元）	金额（元）
				请领	实发		
19	S		件	150	150	1.60	240
用途	毛裤生产用低值易耗品			备注			

批料：刘纲　　　保管员：王丽　　　记账：张扬　　　领料主管：况小平　　　领料人：曹军

表 5 - 16　　　　　　　　　　　　**领料单 NO. 14**

领料单位：编织车间　　　　　　　2023 年 9 月 17 日　　　　　　发料仓库：基地仓库

编号	材料名称	规格	计量单位	数量		计划单价（元）	金额（元）
				请领	实发		
09	I		千克	300	300	1. 10	330
用途	厂房修理用			备注			

批料：刘纲　　保管员：王丽　　记账：张扬　　领料主管：况小平　　领料人：曹军

表 5 - 17　　　　　　　　　　　　**领料单 NO. 15**

领料单位：编织车间　　　　　　　2023 年 9 月 18 日　　　　　　发料仓库：基地仓库

编号	材料名称	规格	计量单位	数量		计划单价（元）	金额（元）
				请领	实发		
08	H		千克	200	200	2. 00	400
用途	机物料消耗			备注			

批料：刘纲　　保管员：王丽　　记账：张扬　　领料主管：况小平　　领料人：曹军

表 5 - 18　　　　　　　　　　　　**领料单 NO. 16**

领料单位：编织车间　　　　　　　2023 年 9 月 19 日　　　　　　发料仓库：基地仓库

编号	材料名称	规格	计量单位	数量		计划单价（元）	金额（元）
				请领	实发		
07	G		千克	280	280	1. 00	280
用途	机物料消耗			备注			

批料：刘纲　　保管员：王丽　　记账：张扬　　领料主管：况小平　　领料人：曹军

表 5 - 19　　　　　　　　　　　　**领料单 NO. 17**

领料单位：编织车间　　　　　　　2023 年 9 月 26 日　　　　　　发料仓库：基地仓库

编号	材料名称	规格	计量单位	数量		计划单价（元）	金额（元）
				请领	实发		
20	T		件	80	80	2. 00	160
用途	毛裤生产用低值易耗品			备注			

批料：刘纲　　保管员：王丽　　记账：张扬　　领料主管：况小平　　领料人：曹军

表 5－20   领料单 NO. 18

领料单位：编织车间　　　　　　　2023 年 9 月 26 日　　　　　　　发料仓库：基地仓库

编号	材料名称	规格	计量单位	数量		计划单价（元）	金额（元）
				请领	实发		
10	J		千克	240	240	2.00	480
用途	厂房修理用			备注			

批料：刘纲　　　保管员：王丽　　　记账：张扬　　　领料主管：况小平　　　领料人：曹军

表 5－21   领料单 NO. 19

领料单位：编织车间　　　　　　　2023 年 9 月 27 日　　　　　　　发料仓库：基地仓库

编号	材料名称	规格	计量单位	数量		计划单价（元）	金额（元）
				请领	实发		
19	S		件	50	50	1.40	70
用途	毛背心生产用低值易耗品			备注			

批料：刘纲　　　保管员：王丽　　　记账：张扬　　　领料主管：况小平　　　领料人：曹军

表 5－22   领料单 NO. 20

领料单位：编织车间　　　　　　　2023 年 9 月 27 日　　　　　　　发料仓库：基地仓库

编号	材料名称	规格	计量单位	数量		计划单价（元）	金额（元）
				请领	实发		
09	I		千克	120	120	1.25	150
用途	厂房修理用			备注			

批料：刘纲　　　保管员：王丽　　　记账：张扬　　　领料主管：况小平　　　领料人：曹军

表 5－23   领料单 NO. 21

领料单位：编织车间　　　　　　　2023 年 9 月 28 日　　　　　　　发料仓库：基地仓库

编号	材料名称	规格	计量单位	数量		计划单价（元）	金额（元）
				请领	实发		
08	H		千克	120	120	2.00	240
用途	机物料消耗			备注			

批料：刘纲　　　保管员：王丽　　　记账：张扬　　　领料主管：况小平　　　领料人：曹军

表 5 – 24   领料单 NO. 22

领料单位：编织车间   2023 年 9 月 29 日   发料仓库：基地仓库

编号	材料名称	规格	计量单位	数量		计划单价（元）	金额（元）
				请领	实发		
07	G		千克	260	260	1.00	260
用途	机物料消耗			备注			

批料：刘纲   保管员：王丽   记账：张扬   领料主管：况小平   领料人：曹军

（3）9 月，供水车间领用材料情况如表 5 – 25 至表 5 – 44 所示。

表 5 – 25   领料单 NO. 23

领料单位：供水车间   2023 年 9 月 2 日   发料仓库：基地仓库

编号	材料名称	规格	计量单位	数量		计划单价（元）	金额（元）
				请领	实发		
14	N		升	320	320	1.50	480
用途	厂房修理用			备注			

批料：刘纲   保管员：王丽   记账：张扬   领料主管：曾燕   领料人：郭玉岗

表 5 – 26   领料单 NO. 24

领料单位：供水车间   2023 年 9 月 2 日   发料仓库：基地仓库

编号	材料名称	规格	计量单位	数量		计划单价（元）	金额（元）
				请领	实发		
05	E		千克	2500	2500	2.00	5000
用途	生产用材料			备注			

批料：刘纲   保管员：王丽   记账：张扬   领料主管：曾燕   领料人：郭玉岗

表 5－27　　　　　　　　　　　**领料单 NO. 25**

领料单位：供水车间　　　　　　2023 年 9 月 3 日　　　　　　发料仓库：基地仓库

编号	材料名称	规格	计量单位	数量		计划单价（元）	金额（元）
				请领	实发		
05	E		千克	2400	2400	2.0	4800
用途	生产用材料			备注			

批料：刘纲　　保管员：王丽　　记账：张扬　　领料主管：曾燕　　领料人：郭玉岗

表 5－28　　　　　　　　　　　**领料单 NO. 26**

领料单位：供水车间　　　　　　2023 年 9 月 3 日　　　　　　发料仓库：基地仓库

编号	材料名称	规格	计量单位	数量		计划单价（元）	金额（元）
				请领	实发		
13	M		千克	180	180	1.00	180
用途	生产用材料			备注			

批料：刘纲　　保管员：王丽　　记账：张扬　　领料主管：曾燕　　领料人：郭玉岗

表 5－29　　　　　　　　　　　**领料单 NO. 27**

领料单位：供水车间　　　　　　2023 年 9 月 4 日　　　　　　发料仓库：基地仓库

编号	材料名称	规格	计量单位	数量		计划单价（元）	金额（元）
				请领	实发		
22	V		件	90	90	1.00	90
用途	生产用材料			备注			

批料：刘纲　　保管员：王丽　　记账：张扬　　领料主管：曾燕　　领料人：郭玉岗

表 5－30　　　　　　　　　　　**领料单 NO. 28**

领料单位：供水车间　　　　　　2023 年 9 月 4 日　　　　　　发料仓库：基地仓库

编号	材料名称	规格	计量单位	数量		计划单价（元）	金额（元）
				请领	实发		
12	L		千克	240	240	0.50	120
用途	机物料消耗			备注			

批料：刘纲　　保管员：王丽　　记账：张扬　　领料主管：曾燕　　领料人：郭玉岗

表 5 – 31　　　　　　　　　　　　**领料单 NO. 29**

领料单位：供水车间　　　　　　2023 年 9 月 5 日　　　　　　发料仓库：基地仓库

编号	材料名称	规格	计量单位	数量		计划单价（元）	金额（元）
				请领	实发		
21	U		件	80	80	2.00	160
用途	车间用低值易耗品			备注			

批料：刘纲　　保管员：王丽　　记账：张扬　　领料主管：曾燕　　领料人：郭玉岗

表 5 – 32　　　　　　　　　　　　**领料单 NO. 30**

领料单位：供水车间　　　　　　2023 年 9 月 5 日　　　　　　发料仓库：基地仓库

编号	材料名称	规格	计量单位	数量		计划单价（元）	金额（元）
				请领	实发		
11	K		生	240	240	1.50	360
用途	机物料消耗			备注			

批料：刘纲　　保管员：王丽　　记账：张扬　　领料主管：曾燕　　领料人：郭玉岗

表 5 – 33　　　　　　　　　　　　**领料单 NO. 31**

领料单位：供水车间　　　　　　2023 年 9 月 12 日　　　　　　发料仓库：基地仓库

编号	材料名称	规格	计量单位	数量		计划单价（元）	金额（元）
				请领	实发		
14	N		升	240	240	1.50	360
用途	厂房修理用			备注			

批料：刘纲　　保管员：王丽　　记账：张扬　　领料主管：曾燕　　领料人：郭玉岗

表 5 – 34　　　　　　　　　　　　**领料单 NO. 32**

领料单位：供水车间　　　　　　2023 年 9 月 13 日　　　　　　发料仓库：基地仓库

编号	材料名称	规格	计量单位	数量		计划单价（元）	金额（元）
				请领	实发		
13	M		千克	260	260	1.00	260
用途	厂房修理用			备注			

批料：刘纲　　保管员：王丽　　记账：张扬　　领料主管：曾燕　　领料人：郭玉岗

表 5 – 35　　　　　　　　　　　　**领料单 NO. 33**

领料单位：供水车间　　　　　　2023 年 9 月 14 日　　　　　　发料仓库：基地仓库

编号	材料名称	规格	计量单位	数量		计划单价（元）	金额（元）
				请领	实发		
22	V		件	90	90	1.00	90
用途	车间领用低值易耗品			备注			

批料：刘纲　　　保管员：王丽　　　记账：张扬　　　领料主管：曾燕　　　领料人：郭玉岗

表 5 – 36　　　　　　　　　　　　**领料单 NO. 34**

领料单位：供水车间　　　　　　2023 年 9 月 14 日　　　　　　发料仓库：基地仓库

编号	材料名称	规格	计量单位	数量		计划单价（元）	金额（元）
				请领	实发		
12	L		千克	600	600	0.50	300
用途	机物料消耗			备注			

批料：刘纲　　　保管员：王丽　　　记账：张扬　　　领料主管：曾燕　　　领料人：郭玉岗

表 5 – 37　　　　　　　　　　　　**领料单 NO. 35**

领料单位：供水车间　　　　　　2023 年 9 月 15 日　　　　　　发料仓库：基地仓库

编号	材料名称	规格	计量单位	数量		计划单价（元）	金额（元）
				请领	实发		
21	U		件	80	80	2.00	160
用途	车间领用低值易耗品			备注			

批料：刘纲　　　保管员：王丽　　　记账：张扬　　　领料主管：曾燕　　　领料人：郭玉岗

表 5 – 38　　　　　　　　　　　　**领料单 NO. 36**

领料单位：供水车间　　　　　　2023 年 9 月 15 日　　　　　　发料仓库：基地仓库

编号	材料名称	规格	计量单位	数量		计划单价（元）	金额（元）
				请领	实发		
11	K		升	120	120	1.50	180
用途	机物料消耗			备注			

批料：刘纲　　　保管员：王丽　　　记账：张扬　　　领料主管：曾燕　　　领料人：郭玉岗

表 5－39　　　　　　　　　　　**领料单 NO.37**

领料单位：供水车间　　　　　　　2023 年 9 月 23 日　　　　　　　发料仓库：基地仓库

编号	材料名称	规格	计量单位	数量		计划单价（元）	金额（元）
				请领	实发		
13	M		千克	350	350	1.00	350
用途	厂房修理用			备注			

批料：刘纲　　保管员：王丽　　记账：张扬　　领料主管：曾燕　　领料人：郭玉岗

表 5－40　　　　　　　　　　　**领料单 NO.38**

领料单位：供水车间　　　　　　　2023 年 9 月 24 日　　　　　　　发料仓库：基地仓库

编号	材料名称	规格	计量单位	数量		计划单价（元）	金额（元）
				请领	实发		
22	V		件	70	70	1.00	70
用途	车间领用低值易耗品			备注			

批料：刘纲　　保管员：王丽　　记账：张扬　　领料主管：曾燕　　领料人：郭玉岗

表 5－41　　　　　　　　　　　**领料单 NO.39**

领料单位：供水车间　　　　　　　2023 年 9 月 24 日　　　　　　　发料仓库：基地仓库

编号	材料名称	规格	计量单位	数量		计划单价（元）	金额（元）
				请领	实发		
12	L		千克	360	360	0.50	180
用途	机物料消耗			备注			

批料：刘纲　　保管员：王丽　　记账：张扬　　领料主管：曾燕　　领料人：郭玉岗

表 5－42　　　　　　　　　　　**领料单 NO.40**

领料单位：供水车间　　　　　　　2023 年 9 月 25 日　　　　　　　发料仓库：基地仓库

编号	材料名称	规格	计量单位	数量		计划单价（元）	金额（元）
				请领	实发		
11	K		升	240	240	1.50	360
用途	机物料消耗			备注			

批料：刘纲　　保管员：王丽　　记账：张扬　　领料主管：曾燕　　领料人：郭玉岗

表 5 – 43 领料单 NO. 41

领料单位：供水车间　　　　　2023 年 9 月 25 日　　　　　发料仓库：基地仓库

编号	材料名称	规格	计量单位	数量		计划单价（元）	金额（元）
				请领	实发		
21	U		件	70	70	2.00	140
用途	车间领用低值易耗品			备注			

批料：刘纲　　　保管员：王丽　　　记账：张扬　　　领料主管：曾燕　　　领料人：郭玉岗

表 5 – 44 领料单 NO. 42

领料单位：供水车间　　　　　2023 年 9 月 22 日　　　　　发料仓库：基地仓库

编号	材料名称	规格	计量单位	数量		计划单价（元）	金额（元）
				请领	实发		
14	N		升	120	120	1.50	180
用途	厂房修理用			备注			

批料：刘纲　　　保管员：王丽　　　记账：张扬　　　领料主管：曾燕　　　领料人：郭玉岗

（4）9 月，运输车间领用材料情况如表 5 – 45 至表 5 – 65 所示。

表 5 – 45 领料单 NO. 43

领料单位：运输车间　　　　　2023 年 9 月 1 日　　　　　发料仓库：基地仓库

编号	材料名称	规格	计量单位	数量		计划单价（元）	金额（元）
				请领	实发		
25	Y		件	80	80	1.50	120
用途	生产领用低值品耗用			备注			

批料：刘纲　　　保管员：王丽　　　记账：张扬　　　领料主管：唐芳　　　领料人：陶喆涛

表 5 – 46　　　　　　　　　　　　　　　**领料单 NO. 44**

领料单位：运输车间　　　　　　　　2023 年 9 月 11 日　　　　　　　发料仓库：基地仓库

编号	材料名称	规格	计量单位	数量		计划单价（元）	金额（元）
				请领	实发		
25	Y		件	120	120	1.50	180
用途	车间领用低值易耗品			备注			

批料：刘纲　　　保管员：王丽　　　记账：张扬　　　领料主管：唐芳　　　领料人：陶喆涛

表 5 – 47　　　　　　　　　　　　　　　**领料单 NO. 45**

领料单位：运输车间　　　　　　　　2023 年 9 月 2 日　　　　　　　发料仓库：基地仓库

编号	材料名称	规格	计量单位	数量		计划单价（元）	金额（元）
				请领	实发		
24	X		个	70	70	2.00	140
用途	车间领用低值易耗品			备注			

批料：刘纲　　　保管员：王丽　　　记账：张扬　　　领料主管：唐芳　　　领料人：陶喆涛

表 5 – 48　　　　　　　　　　　　　　　**领料单 NO. 46**

领料单位：运输车间　　　　　　　　2023 年 9 月 2 日　　　　　　　发料仓库：基地仓库

编号	材料名称	规格	计量单位	数量		计划单价（元）	金额（元）
				请领	实发		
06	F		千克	2600	2600	1.00	2600
用途	生产用材料			备注			

批料：刘纲　　　保管员：王丽　　　记账：张扬　　　领料主管：唐芳　　　领料人：陶喆涛

表 5 – 49　　　　　　　　　　　　　　　**领料单 NO. 47**

领料单位：运输车间　　　　　　　　2023 年 9 月 3 日　　　　　　　发料仓库：基地仓库

编号	材料名称	规格	计量单位	数量		计划单价（元）	金额（元）
				请领	实发		
06	F		千克	3200	3200	1.00	3200
用途	生产用材料			备注			

批料：刘纲　　　保管员：王丽　　　记账：张扬　　　领料主管：唐芳　　　领料人：陶喆涛

表 5 – 50　　　　　　　　　　**领料单 NO. 48**

领料单位：运输车间　　　　　　2023 年 9 月 3 日　　　　　　发料仓库：基地仓库

编号	材料名称	规格	计量单位	数量		计划单价（元）	金额（元）
				请领	实发		
23	W		件	60	60	2.50	150
用途	车间领用低值易耗品			备注			

批料：刘纲　　　保管员：王丽　　　记账：张扬　　　领料主管：唐芳　　　领料人：陶喆涛

表 5 – 51　　　　　　　　　　**领料单 NO. 49**

领料单位：运输车间　　　　　　2023 年 9 月 8 日　　　　　　发料仓库：基地仓库

编号	材料名称	规格	计量单位	数量		计划单价（元）	金额（元）
				请领	实发		
18	R		千克	175	175	2.00	350
用途	机物料消耗			备注			

批料：刘纲　　　保管员：王丽　　　记账：张扬　　　领料主管：唐芳　　　领料人：陶喆涛

表 5 – 52　　　　　　　　　　**领料单 NO. 50**

领料单位：运输车间　　　　　　2023 年 9 月 9 日　　　　　　发料仓库：基地仓库

编号	材料名称	规格	计量单位	数量		计划单价（元）	金额（元）
				请领	实发		
17	Q		千克	250	250	1.40	350
用途	设备修理用			备注			

批料：刘纲　　　保管员：王丽　　　记账：张扬　　　领料主管：唐芳　　　领料人：陶喆涛

表 5 – 53　　　　　　　　　　**领料单 NO. 51**

领料单位：运输车间　　　　　　2023 年 9 月 10 日　　　　　　发料仓库：基地仓库

编号	材料名称	规格	计量单位	数量		计划单价（元）	金额（元）
				请领	实发		
16	P		升	280	280	2.00	560
用途	机物料消耗			备注			

批料：刘纲　　　保管员：王丽　　　记账：张扬　　　领料主管：唐芳　　　领料人：陶喆涛

表 5－54 领料单 NO.52

领料单位：运输车间　　　　　　　　2023 年 9 月 11 日　　　　　　　　发料仓库：基地仓库

编号	材料名称	规格	计量单位	数量		计划单价（元）	金额（元）
				请领	实发		
15	O		千克	180	180	1.00	180
用途	机物料消耗			备注			

批料：刘纲　　　保管员：王丽　　　记账：张扬　　　领料主管：唐芳　　　领料人：陶喆涛

表 5－55 领料单 NO.53

领料单位：运输车间　　　　　　　　2023 年 9 月 12 日　　　　　　　　发料仓库：基地仓库

编号	材料名称	规格	计量单位	数量		计划单价（元）	金额（元）
				请领	实发		
24	X		件	130	130	2.00	260
用途	车间领用低值易耗品			备注			

批料：刘纲　　　保管员：王丽　　　记账：张扬　　　领料主管：唐芳　　　领料人：陶喆涛

表 5－56 领料单 NO.54

领料单位：运输车间　　　　　　　　2023 年 9 月 13 日　　　　　　　　发料仓库：基地仓库

编号	材料名称	规格	计量单位	数量		计划单价（元）	金额（元）
				请领	实发		
23	W		件	120	120	2.50	300
用途	车间领用低值易耗品			备注			

批料：刘纲　　　保管员：王丽　　　记账：张扬　　　领料主管：唐芳　　　领料人：陶喆涛

表 5－57 领料单 NO.55

领料单位：运输车间　　　　　　　　2023 年 9 月 19 日　　　　　　　　发料仓库：基地仓库

编号	材料名称	规格	计量单位	数量		计划单价（元）	金额（元）
				请领	实发		
17	Q		千克	120	120	1.50	180
用途	设备修理用			备注			

批料：刘纲　　　保管员：王丽　　　记账：张扬　　　领料主管：唐芳　　　领料人：陶喆涛

表 5－58 领料单 NO. 56

领料单位：运输车间 2023 年 9 月 20 日 发料仓库：基地仓库

编号	材料名称	规格	计量单位	数量		计划单价（元）	金额（元）
				请领	实发		
14	R		千克	200	200	1.80	360
用途	设备修理用			备注			

批料：刘纲 保管员：王丽 记账：张扬 领料主管：唐芳 领料人：陶喆涛

表 5－59 领料单 NO. 57

领料单位：运输车间 2023 年 9 月 20 日 发料仓库：基地仓库

编号	材料名称	规格	计量单位	数量		计划单价（元）	金额（元）
				请领	实发		
16	P		升	140	140	2.00	280
用途	机物料消耗			备注			

批料：刘纲 保管员：王丽 记账：张扬 领料主管：唐芳 领料人：陶喆涛

表 5－60 领料单 NO. 58

领料单位：运输车间 2023 年 9 月 21 日 发料仓库：基地仓库

编号	材料名称	规格	计量单位	数量		计划单价（元）	金额（元）
				请领	实发		
25	Y		件	60	60	1.50	90
用途	车间领用低值易耗品			备注			

批料：刘纲 保管员：王丽 记账：张扬 领料主管：唐芳 领料人：陶喆涛

表 5－61 领料单 NO. 59

领料单位：运输车间 2023 年 9 月 22 日 发料仓库：基地仓库

编号	材料名称	规格	计量单位	数量		计划单价（元）	金额（元）
				请领	实发		
24	X		件	95	95	2.00	190
用途	车间领用低值易耗品			备注			

批料：刘纲 保管员：王丽 记账：张扬 领料主管：唐芳 领料人：陶喆涛

表 5 – 62　　　　　　　　　　　　**领料单 NO. 60**

领料单位：运输车间　　　　　　2023 年 9 月 23 日　　　　　　发料仓库：基地仓库

编号	材料名称	规格	计量单位	数量		计划单价（元）	金额（元）
				请领	实发		
23	W		件	80	80	2.25	180
用途	车间领用低值易耗品		备注				

批料：刘纲　　保管员：王丽　　记账：张扬　　领料主管：唐芳　　领料人：陶喆涛

表 5 – 63　　　　　　　　　　　　**领料单 NO. 61**

领料单位：运输车间　　　　　　2023 年 9 月 28 日　　　　　　发料仓库：基地仓库

编号	材料名称	规格	计量单位	数量		计划单价（元）	金额（元）
				请领	实发		
18	R		千克	120	120	2.00	240
用途	厂房修理用		备注				

批料：刘纲　　保管员：王丽　　记账：张扬　　领料主管：唐芳　　领料人：陶喆涛

表 5 – 64　　　　　　　　　　　　**领料单 NO. 62**

领料单位：运输车间　　　　　　2023 年 9 月 29 日　　　　　　发料仓库：基地仓库

编号	材料名称	规格	计量单位	数量		计划单价（元）	金额（元）
				请领	实发		
17	Q		千克	220	220	1.50	330
用途	厂房修理用		备注				

批料：刘纲　　保管员：王丽　　记账：张扬　　领料主管：唐芳　　领料人：陶喆涛

表 5 – 65　　　　　　　　　　　　**领料单 NO. 63**

领料单位：运输车间　　　　　　2023 年 9 月 30 日　　　　　　发料仓库：基地仓库

编号	材料名称	规格	计量单位	数量		计划单价（元）	金额（元）
				请领	实发		
16	P		升	180	180	2.00	360
用途	机物料消耗		备注				

批料：刘纲　　保管员：王丽　　记账：张扬　　领料主管：唐芳　　领料人：陶喆涛

（5）各车间及管理部门9月份工资结算单如表5-66至表5-69所示。

表5-66　　　　　　　　　　　工资结算单

生产车间：编织车间　　　　　　　2023年9月　　　　　　　金额单位：元

姓名	月标准工资	计件工资	奖金	津贴和补贴		扣缺勤工资				应付工资合计
				工龄津贴	夜班津贴	病假		事假		
						天数	金额	天数	金额	
刘艳华	8000	—	1200	300	900					10400
李彦军	6400	—	600	400	600					8000
张文静	8200	—	900	200	700					10000
张小丹	4600	—	300	200	580					5680
刘明英	6400	—	600	320	920					8240
谢加超	7000	—	1200	600	600	2	180			9220
赵苏敏	8200	—	900	340	820					10260
王文明	4600	—	300	240	580					5720
徐奉磊	6400	—	600	340	560					7900
石秀青	4600	—	300	280	360					5540
生产工人工资合计	64400	—	6900	3220	6620	2	180	—	0	80960
李沫然	8000		625	500	0		0		0	9125
杨军廷	7500		600	400	0		0			8500
阮勇毅	7500		650	300	0		0			8450
况小平	8500		675	340	0					9515
曹军	6000		725	200	0			1	120	6805
管理人员工资合计	37500	—	3275	1740	0		0		120	42395
车间合计	101900	—	10175	4960	6620	—	180	—	120	123355

编织车间各类产品实际工时分别为毛衣产品2080小时，毛裤产品1980小时，毛背心产品1160小时。

表 5 - 67 　　　　　　　　　　　工资结算单

生产车间：供水车间　　　　　　　2023 年 9 月　　　　　　金额单位：元

姓名	月标准工资	计件工资	奖金	津贴和补贴		扣缺勤工资				应付工资合计
				工龄津贴	夜班津贴	病假		事假		
						天数	金额	天数	金额	
朱明辉	9000	—	1000	500	400	1	90			10810
王杰康	8200	—	900	400	640			1	120	10020
王文兴	6400	—	1000	560	200					8160
李刚玉	5600	—	1100	300	720					7720
单海涛	5600	—	750	360	400					7110
生产工人工资合计	34800	—	4750	2120	2360	1	90	1	120	43820
龚文华	9000	—	900	700						10600
曾燕	7500	—	850	600						8950
郭玉岗	5400	—	750	300						6450
管理人员工资合计	21900	—	2500	1600						26000
车间合计	56700	—	7250	3720	2360	—	90	—	120	69820

表 5 - 68 　　　　　　　　　　　工资结算单

生产车间：运输车间　　　　　　　2023 年 9 月　　　　　　金额单位：元

姓名	月标准工资	计件工资	奖金	津贴和补贴		扣缺勤工资				应付工资合计
				工龄津贴	夜班津贴	病假		事假		
						天数	金额	天数	金额	
刘文强	—	11000	1000	150	200					12350
张玲茏		9000	750	125	175			1	50	10000
黄玉义	—	7500	750	100	200					8550
陈　东		6500	500	125	300					7425
金国强		6500	500	50	250					7300

姓名	月标准工资	计件工资	奖金	津贴和补贴		扣缺勤工资				应付工资合计
				工龄津贴	夜班津贴	病假		事假		
						天数	金额	天数	金额	
生产工人工资合计	—	40500	3500	550	1125			1	50	45625
徐兰廷	9000		1000	100	130					10230
唐芳	8400		500	90	190					9180
陶喆涛	7400		500	100	130					8130
管理人员工资合计	24800		2000	290	450					27540
车间合计	24800	40500	5500	840	1575			—	50	73165

表 5 – 69 **工资结算单**

管理部门　　　　　　　　　　　　2023 年 9 月　　　　　　　　　金额单位：元

姓名	月标准工资	计件工资	奖金	津贴和补贴		扣缺勤工资				应付工资合计
				工龄津贴	夜班津贴	病假		事假		
						天数	金额	天数	金额	
陆文奇	7850	—	750	150	—					8750
冯计平	8600	—	740	80				1	120	9300
刘昭颖	6450	—	600	90						7140
刘港波	7300	—	800	100	—					8200
刘纲	6800	—	500	50	—					7350
王丽	8600	—	1000	100						9700
张扬	8400	—	500	90						8990
管理人员工资合计	54000	—	4890	660	—			—	120	59430

（6）公司 9 月外购动力费用情况，如表 5 – 70 所示。

表 5 - 70   各部门用电明细表   单位：元

部门	生产用电	办公用电	合计
编织车间	13400	1800	15200
供水车间	1600	1600	3200
运输车间	2000	1200	3200
管理部门	0	1500	1500
合计	17000	6100	23100

9 月份电费共 23100 元，通过"应付账款"科目核算。编织车间的生产用电按生产工时在毛衣、毛裤、毛背心三种产品成本之间进行分配。

（7）公司 9 月各车间和部门计提的折旧额，编织车间为 86400 元，供水车间 65400 元，运输车间 89600 元，企业管理部门为 48000 元。

（8）9 月，供水车间向各部门提供生产用水 36600 立方米，其中，为运输车间提供的生产用水 10000 立方米，为编织车间提供的生产用水 18000 立方米，为管理部门提供的生产用水 8600 立方米。运输车间提供运输劳务 14200 吨/公里，其中为供水车间提供运输 600 吨/公里，为编织车间提供运输 9800 吨/公里，为管理部门提供运输 3800 吨/公里。

（9）9 月，该企业毛衣产品完工 250 件，毛裤产品完工 240 件，毛背心产品完工 180 件。各产品月末在产品相关信息，如表 5 - 71 所示。

表 5 - 71   各产品月末在产品有关资料表   金额单位：元

产品名称	所在工序	在产品数量（件）	原材料费用定额	在产品累计工时定额	单位工时定额		
					燃料及动力	人工费用	制造费用
毛衣	1	10	160	4			
	2	10		5			
毛裤	1	20	150	5	2.40	14.00	110
	2	10		3			
毛背心	1	10	110	3			
	2	20		3			

（10）9月初，该企业毛衣、毛裤和毛背心在产品数量及成本，如表5－72所示。

表 5－72　　　　　　　　**月初在产品数量及成本表**　　　　　金额单位：元

产品名称	产量（件）	原材料	燃料及动力费	人工费用	制造费用	成本合计
毛衣	30	4800	360	2100	16500	23760
毛裤	20	3000	216	1260	9900	14376
毛背心	10	1100	79.2	462	3630	5271.2

三、案例式教学的组织

（一）讲授理论框架

品种法案例材料收集整理了永阳股份有限公司 9 月的生产费用基础性资料，要求学生根据这些基础性资料计算出毛衣、毛裤和毛背心三种产品的成本。这个案例包括了成本会计核算的全过程，从确定成本核算对象，到材料、人工和制造费用等要素费用的归集，从辅助生产费用和制造费用的分配，到生产费用在完工产品和在产品之间进行分配，涉及了材料费用的归集与分配、人工费用的归集与分配以及其他相关费用的归集与分配，所有成本会计核算的基本方法都会用到。

由于涉及案例材料多，需要合理安排时间才能完成案例的练习、研讨，所以要求授课教师要精心设计案例教学流程和环节，使学生高效率掌握品种法核算的基本方法和关键环节问题处理技巧。

（二）案例资料导入

这份案例资料应该提前通过学习通等教学平台推送给学生，要求学生在课前对案例资料有一个概括的了解，并对整体成本会计核算流程做出设计。课堂上，教师对案例材料的关键点做强调，比如本案例中永阳股份有限公司有一个基本生产车间编织车间，生产毛衣、毛裤、毛背心等三种产品；该公司还设有供水车间、运输车间等两个辅助生产车间；三个车间组织管理生产的费用均通过"制造费用"科目核算；月末基本生产车间制造费用、生产工人工资按毛衣、毛裤、毛背心等三种产品的实际工时比例进行分配；毛衣、毛裤、毛背心等产品的月末在产品按定额成本计量。

由于案例材料涉及了成本会计核算的全过程，而且只有在具体计算过程中才能发现问题并引发学生思考问题，因此，在整个授课过程中，授课教师要引导学生以案例公司成本会计核算为线索，把握好授课的关键环节对案例公司的成本会计核算资料进行分阶段讨论和分析。

（三）案例问题引导

在学生熟悉了案例材料后，教师可以将案例公司成本核算分为三个阶段进行实操和研讨。第一阶段，成本核算对象的确定，会计科目的设置，核算流程的设计，要素费用的归集；围绕这些关键点进行课堂讨论和分析；第二阶段，要素费用的分配、辅助生产成本的归集与分配、制造费用的归集与分配；围绕这些问题进行课堂练习、讨论和分析；第三阶段，将生产费用在完工产品和在产品之间进行分配，完成案例材料的计算并由授课教师对该案例做出总结。

（四）课堂分析讨论

由于涉及比较烦琐的材料整理与计算，授课教师可以根据班级学生对会计知识的掌握程度和课时安排情况，安排学生在课前完成有关材料费用的汇总和计算，也可以直接将材料费用汇总表给学生，引导学生针对第一阶段的知识点进行发言和讨论。第一阶段涉及的过程性计算结果如表5-73至表5-79所示，可以作为教师授课的参考。

表 5 – 73　　　　　　　　　　银行存款付款凭证汇总表

2023 年 9 月　　　　　　　　　　单位：元

应借科目			金额
总账科目	明细科目	成本或费用项目	
制造费用	编织车间	办公费	60000
		劳动保护费	40000
		其他	57500

续表

应借科目			金额
总账科目	明细科目	成本或费用项目	
制造费用	供水车间	办公费	32500
		劳动保护费	42500
		其他	25000
	运输车间	办公费	25000
		劳动保护费	25000
		其他	27500
	小计		335000
管理费用	管理部门	办公费	55000
		劳动保护费	20000
		其他	25000
	小计		100000
合计			435000

表 5 – 74　　　　　　　　　　　材料费用分配表

2023 年 9 月　　　　　　　　　　　　　　单位：元

应借科目			直接计入	分配计入		合计
总账科目	明细科目	成本或费用项目		定额消耗量	分配金额（分配率）	
基本生产成本	毛衣	原材料	3600	600	36000	39600
	毛裤	原材料	8800	500	30000	38800
	毛背心	原材料	3670	300	18000	21670
	小计		16070	1400	84000	100070
辅助生产成本	供水车间	原材料	10690			10690
	运输车间	原材料	7410			7410
	小计		18100			18100

续表

应借科目			直接计入	分配计入		合计
总账科目	明细科目	成本或费用项目		定额消耗量	分配金额（分配率）	
制造费用	编织车间	修理费	1730			1730
		机物料消耗	2140			2140
	供水车间	修理费	1630			1630
		机物料消耗	1500			1500
	运输车间	修理费	1460			1460
		机物料消耗	1730			1730
	小计		10190			10190
合计			44360			128360

表 5 – 75   **人工费用分配表**

2023 年 9 月   金额单位：元

应借科目		工资及奖金、津贴和补贴		
总账科目	明细科目	工时	分配率	金额
基本生产成本	毛衣	2080	15.5096	32259.85
	毛裤	1980		30709.01
	毛背心	1160		17991.14
	小计	5220		80960
辅助生产成本	供水车间			43820
	运输车间			45625
	小计			89445
制造费用	编织车间			42395
	供水车间			26000
	运输车间			27540
	小计			95935
管理费用				59430
合计				325770

表 5 - 76　　　　　　　　　　　外购动力费用分配表

2023 年 9 月　　　　　　　　　　　　　　　金额单位：元

应借科目		动力或照明费用		
总账科目	明细科目	生产工时	分配率	金额
基本生产成本	毛衣	2080	2.5670	5339.56
	毛裤	1980		5082.66
	毛背心	1160		2977.78
	小计	5220		13400
辅助生产成本	供水车间			1600
	运输车间			2000
	小计			3600
制造费用	编织车间			1800
	供水车间			1600
	运输车间			1200
	小计			4600
管理费用				1500
合计				23100

表 5 - 77　　　　　　　　　　固定资产折旧费用分配表

2023 年 9 月　　　　　　　　　　　　　　　单位：元

项目	生产车间				企业管理部门	合计
	编织车间	供水车间	运输车间	小计		
折旧费用	86400	65400	89600	241400	48000	289400

表 5 - 78　　　　　　　　　　各车间制造费用计算表

2023 年 9 月　　　　　　　　　　　　　　　单位：元

车间	人工费	机物料	电费	折旧费	修理费	办公费	劳保费	其他	合计
供水车间	26000	1500	1600	65400	1630	32500	42500	25000	196130
运输车间	27540	1730	1200	89600	1460	25000	27500	25000	199030

表 5 –79   辅助生产成本计算表

2023 年 9 月   单位：元

车间	材料费	燃料及动力费	人工费	制造费用	合计
供水车间	10690	1600	43820	196130	252240
运输车间	7410	2000	45625	199030	254065

第二阶段，要求学生完成对产品共同耗用材料的分配，结合该企业的规定，完成对辅助生产费用和制造费用的分配，并引导学生对生产费用分配的一般规律做总结和研讨。第二阶段涉及的过程性计算结果如表 5 –80 至表 5 –82 所示，可以作为教师授课的参考。

表 5 –80   辅助生产费用分配表

2023 年 9 月   单位：元

项目		供水车间	运输车间	合计
待分配费用		252240	254065	506305
供应辅助生产以外单位的劳务数量		26600	13600	——
费用分配率（单位成本）		9.4827	18.6813	——
应借"制造费用——编织车间"科目	耗用数量	18000	9800	——
	分配金额	170688.6	183076.74	353765.34
应借"管理费用"科目	耗用数量	8600	3800	——
	分配金额	81551.4	70988.26	152539.66
合计		252240	254065	506305

表 5 –81   基本车间制造费用计算表

2023 年 9 月   单位：元

费用项目	金额
人工费	42395
机物料	2140
电费	1800
折旧费	86400

费用项目	金额
修理费	1730
办公费	60000
劳保费	40000
辅助生产费用	353765.34
其他	57500
合计	645730.34

表5-82　　　　　　　　　基本车间制造费用分配表

2023年9月　　　　　　　　　　　　　　　　金额单位：元

应借科目		生产工时	分配率	分配金额
总账科目	明细科目			
基本生产成本	毛衣	2080	123.7031	257302.60
	毛裤	1980		244932.14
	毛背心	1160		143495.60
合计		5220		645730.34

　　第三阶段，要求学生完成生产费用在产成品和在产品之间的分配，结合之前所学，回顾总结这一环节常用的分配方法，引导学生对这个环节生产费用分配的一般方法做总结和研讨。第三阶段即可完成全部案例材料的核算，相关计算结果如表5-83至表5-87所示，可以作为教师授课的参考。

表5-83　　　　　　　　　月末在产品定额成本计算表　　　　　　金额单位：元

产品名称	产量（件）	原材料	燃料及动力费	人工费用	制造费用	成本合计
毛衣	20	3200	204	1190	9350	13944
毛裤	30	4500	276	1610	12650	19036
毛背心	30	3300	252	1470	11550	16572

表 5 – 84 产品成本计算表

产品名称：毛衣　　　　　　　　　2023 年 9 月　　　　　　　　　单位：元

成本项目	原材料	燃料及动力费	人工费用	制造费用	成本合计
月初在产品成本	4800	360	2100	16500	23760
本月发生的生产费用	39600	5339.56	32259.85	257302.60	334502.01
生产费用合计	44400	5699.56	34359.85	273802.6	358262.01
月末在产品成本	3200	204	1190	9350	13944
完工产品成本	41200	5495.56	33169.85	264452.6	344318.01

表 5 – 85 产品成本计算表

产品名称：毛裤　　　　　　　　　2023 年 9 月　　　　　　　　　单位：元

成本项目	原材料	燃料及动力费	人工费用	制造费用	成本合计
月初在产品成本	3000	216	1260	9900	14376
本月发生的生产费用	38800	5082.66	30709.01	244932.14	319523.81
生产费用合计	41800	5298.66	31969.01	254832.14	333899.81
月末在产品成本	4500	276	1610	12650	19036
完工产品成本	37300	5022.66	30359.01	242182.14	314863.81

表 5 – 86 产品成本计算表

产品名称：毛背心　　　　　　　　2023 年 9 月　　　　　　　　　单位：元

成本项目	原材料	燃料及动力费	人工费用	制造费用	成本合计
月初在产品成本	1100	79.2	462	3630	5271.2
本月发生的生产费用	21670	2977.78	17991.14	143495.60	186134.52
生产费用合计	22770	3056.98	18453.14	147125.6	191405.72
月末在产品成本	3300	252	1470	11550	16572
完工产品成本	19470	2804.98	16983.14	135575.6	174833.72

表 5 – 87　　　　　　　　产成品成本汇总表　　　　　　　　金额单位：元

产品名称	单位	产品数量（件）	原材料	燃料及动力费	人工费用	制造费用	成本合计
毛衣	件	250	41200	5495.56	33169.85	264452.6	344318.01
毛裤	件	240	37300	5022.66	30359.01	242182.14	314863.81
毛背心	件	180	19470	2804.98	16983.14	135575.6	174833.72
合计		—	97970	13323.2	80512	642210.34	834015.54

（五）案例教学总结

每一个阶段学生完成相应案例材料练习后应及时组织讨论，讨论发言结束后，教师要对讨论发言的情况做一下总结。阶段性总结的内容可以参考前序章节的相关内容并结合本案例情况做概括总结，教师还要对学生提出的一些例外事项进行点评总结。案例练习和讨论结束后，教师可以针对案例资料做一些总体性的教学总结。比如结合该案例强调成本核算的流程设计非常重要，包括会计科目的设置以及成本费用归集分配的顺序；各类要素费用的核算要根据成本项目的设置进行；辅助生产费用和制造费用分配的标准不一样，会影响产品成本的核算；选择不同的方法划分完工产品和在产品的成本，也会影响完工产品成本的计算等。

第二节　分批法案例教学方法及应用

一、案例公司背景资料

元和家具公司是一个小批量单步骤生产的小型企业。公司设有一个加工车间，为客户提供产品生产和加工，另设置一个提供运输服务的辅助生产车间。辅助生产车间不设置"制造费用"科目，发生的生产组织管理费用直接记入"生产成本——辅助生产成本"科目核算。

元和公司常年按照客户订单要求生产办公椅、办公桌两种产品。该企业通常的操作流程是，企业销售部门接到订单后，生产计划部门根据订单签发生产任务通知单，任务单对每批生产任务都会进行批别编号，加工车间按照任务单组织生产，财务部门以生产批别为成本核算对象归集成本费用。加工车间的生产工人职工薪酬费用按各批次产品生产工时分配计入各批次产品的生产成本。

元和家具公司设有 1 号仓库存放各类存货，生产用材料物资主要包括原料、燃料、辅助材料、外购半成品和低值易耗品五大类不同品种和规格的材料。

二、案例公司经济业务

（1）当月产品批次及工时记录。2023 年 6 月，元和家具公司先后接到 5 批订单，按客户要求为客户生产特定办公椅。其中 6101 批、6102 批和 6103 批为办公椅产品，6201 批和 6202 批为办公桌产品。各批次产品生产工时如表 5 - 88 所示。

表 5 - 88 各批次产品生产工时统计表

生产批号	生产工时（小时）
6101 批	4000
6102 批	3200
6103 批	1200
6201 批	6000
6202 批	5600
合计	20000

（2）元和家具公司加工车间 6 月领料情况如领料单所示（见表 5 - 89 至表 5 - 158）。其中，除一般性消耗外，加工车间生产领用的各类材料为各批次产品共同耗用，需要按照本月各批次产品生产工时比例分配计入各批次产品的基本生产成本。

表 5－89　　　　　　　　　　　　**领料单 NO. 01**

领料单位：加工车间　　　　　　2023 年 6 月 2 日　　　　　　发料仓库：1 号仓库

材料种类	材料编号	材料名称	计量单位	数量		发出成本（元）		用途
				请领	实发	单价	金额	
原料	LK002	CX	吨	10	10	3500	35000	

批料：王亮　　　保管员：徐照　　　记账：张宏　　　领料主管：李亮　　　领料人：蔡宁

表 5－90　　　　　　　　　　　　**领料单 NO. 02**

领料单位：加工车间　　　　　　2023 年 6 月 2 日　　　　　　发料仓库：1 号仓库

材料种类	材料编号	材料名称	计量单位	数量		发出成本（元）		用途
				请领	实发	单价	金额	
原料	LK003	DX	吨	5	5	10000	50000	

批料：王亮　　　保管员：徐照　　　记账：张宏　　　领料主管：李亮　　　领料人：蔡宁

表 5－91　　　　　　　　　　　　**领料单 NO. 03**

领料单位：加工车间　　　　　　2023 年 6 月 2 日　　　　　　发料仓库：1 号仓库

材料种类	材料编号	材料名称	计量单位	数量		发出成本（元）		用途
				请领	实发	单价	金额	
原料	LK004	EX	吨	5	5	500	2500	

批料：王亮　　　保管员：徐照　　　记账：张宏　　　领料主管：李亮　　　领料人：蔡宁

表 5－92　　　　　　　　　　　　**领料单 NO. 04**

领料单位：加工车间　　　　　　2023 年 6 月 2 日　　　　　　发料仓库：1 号仓库

材料种类	材料编号	材料名称	计量单位	数量		发出成本（元）		用途
				请领	实发	单价	金额	
原料	LK005	FX	吨	10	10	1500	15000	

批料：王亮　　　保管员：徐照　　　记账：张宏　　　领料主管：李亮　　　领料人：蔡宁

表 5 – 93　　　　　　　　　　　　　　**领料单 NO. 05**

领料单位：加工车间　　　　　　2023 年 6 月 2 日　　　　　　发料仓库：1 号仓库

材料种类	材料编号	材料名称	计量单位	数量		发出成本（元）		用途
				请领	实发	单价	金额	
原料	LK006	HX	吨	10	10	200	2000	

批料：王亮　　　保管员：徐照　　　记账：张宏　　　领料主管：李亮　　　领料人：蔡宁

表 5 – 94　　　　　　　　　　　　　　**领料单 NO. 06**

领料单位：加工车间　　　　　　2023 年 6 月 2 日　　　　　　发料仓库：1 号仓库

材料种类	材料编号	材料名称	计量单位	数量		发出成本（元）		用途
				请领	实发	单价	金额	
原料	LK007	IX	吨	3	3	300	900	

批料：王亮　　　保管员：徐照　　　记账：张宏　　　领料主管：李亮　　　领料人：蔡宁

表 5 – 95　　　　　　　　　　　　　　**领料单 NO. 07**

领料单位：加工车间　　　　　　2023 年 6 月 2 日　　　　　　发料仓库：1 号仓库

材料种类	材料编号	材料名称	计量单位	数量		发出成本（元）		用途
				请领	实发	单价	金额	
原料	LK008	MX	吨	2	2	500	1000	

批料：王亮　　　保管员：徐照　　　记账：张宏　　　领料主管：李亮　　　领料人：蔡宁

表 5 – 96　　　　　　　　　　　　　　**领料单 NO. 08**

领料单位：加工车间　　　　　　2023 年 6 月 2 日　　　　　　发料仓库：1 号仓库

材料种类	材料编号	材料名称	计量单位	数量		发出成本（元）		用途
				请领	实发	单价	金额	
原料	LK009	ZX	千克	15	15	400	6000	

批料：王亮　　　保管员：徐照　　　记账：张宏　　　领料主管：李亮　　　领料人：蔡宁

表 5 – 97　　　　　　　　　　　　　领料单 NO. 09

领料单位：加工车间　　　　　　　2023 年 6 月 2 日　　　　　　　发料仓库：1 号仓库

材料种类	材料编号	材料名称	计量单位	数量		发出成本（元）		用途
				请领	实发	单价	金额	
原料	LM010	OX	吨	4	4	1500	6000	

批料：王亮　　　保管员：徐照　　　记账：张宏　　　领料主管：李亮　　　领料人：蔡宁

表 5 – 98　　　　　　　　　　　　　领料单 NO. 10

领料单位：加工车间　　　　　　　2023 年 6 月 2 日　　　　　　　发料仓库：1 号仓库

材料种类	材料编号	材料名称	计量单位	数量		发出成本（元）		用途
				请领	实发	单价	金额	
原料	LM011	WX	吨	10	10	2000	2000	

批料：王亮　　　保管员：徐照　　　记账：张宏　　　领料主管：李亮　　　领料人：蔡宁

表 5 – 99　　　　　　　　　　　　　领料单 NO. 11

领料单位：加工车间　　　　　　　2023 年 6 月 2 日　　　　　　　发料仓库：1 号仓库

材料种类	材料编号	材料名称	计量单位	数量		发出成本（元）		用途
				请领	实发	单价	金额	
原料	LK001	AX	吨	30	30	2300	6900	

批料：王亮　　　保管员：徐照　　　记账：张宏　　　领料主管：李亮　　　领料人：蔡宁

表 5 – 100　　　　　　　　　　　　领料单 NO. 12

领料单位：加工车间　　　　　　　2023 年 6 月 2 日　　　　　　　发料仓库：1 号仓库

材料种类	材料编号	材料名称	计量单位	数量		发出成本（元）		用途
				请领	实发	单价	金额	
原料	LK001	AX	吨	8	8	2300	18400	

批料：王亮　　　保管员：徐照　　　记账：张宏　　　领料主管：李亮　　　领料人：蔡宁

表 5 – 101　　　　　　　　　　**领料单 NO. 13**

领料单位：加工车间　　　　　　2023 年 6 月 2 日　　　　　　发料仓库：1 号仓库

材料种类	材料编号	材料名称	计量单位	数量		发出成本（元）		用途
				请领	实发	单价	金额	
燃料	LL105	GX	吨	15	150	470	7050	

批料：王亮　　　保管员：徐照　　　记账：张宏　　　领料主管：李亮　　　领料人：蔡宁

表 5 – 102　　　　　　　　　　**领料单 NO. 14**

领料单位：加工车间　　　　　　2023 年 6 月 2 日　　　　　　发料仓库：1 号仓库

材料种类	材料编号	材料名称	计量单位	数量		发出成本（元）		用途
				请领	实发	单价	金额	
辅助燃料	LL106	KX	吨	10	10	180	1800	一般消耗

批料：王亮　　　保管员：徐照　　　记账：张宏　　　领料主管：李亮　　　领料人：蔡宁

表 5 – 103　　　　　　　　　　**领料单 NO. 15**

领料单位：加工车间　　　　　　2023 年 6 月 2 日　　　　　　发料仓库：1 号仓库

材料种类	材料编号	材料名称	计量单位	数量		发出成本（元）		用途
				请领	实发	单价	金额	
辅助燃料	LL107	SX	件	10	10	100	1000	

批料：王亮　　　保管员：徐照　　　记账：张宏　　　领料主管：李亮　　　领料人：蔡宁

表 5 – 104　　　　　　　　　　**领料单 NO. 16**

领料单位：加工车间　　　　　　2023 年 6 月 2 日　　　　　　发料仓库：1 号仓库

材料种类	材料编号	材料名称	计量单位	数量		发出成本（元）		用途
				请领	实发	单价	金额	
辅助燃料	LL108	UX	件	10	10	20	200	一般消耗

批料：王亮　　　保管员：徐照　　　记账：张宏　　　领料主管：李亮　　　领料人：蔡宁

表 5－105　　　　　　　　　　　　　　**领料单 NO. 17**

领料单位：加工车间　　　　　　　　2023 年 6 月 2 日　　　　　　　　发料仓库：1 号仓库

材料种类	材料编号	材料名称	计量单位	数量		发出成本（元）		用途
				请领	实发	单价	金额	
辅助燃料	LQ001	QX	千克	20	20	10	200	

批料：王亮　　　保管员：徐照　　　记账：张宏　　　领料主管：李亮　　　领料人：蔡宁

表 5－106　　　　　　　　　　　　　　**领料单 NO. 18**

领料单位：加工车间　　　　　　　　2023 年 6 月 2 日　　　　　　　　发料仓库：1 号仓库

材料种类	材料编号	材料名称	计量单位	数量		发出成本（元）		用途
				请领	实发	单价	金额	
外购半成品	LH114	LX	台	10	10	1440	14400	

批料：王亮　　　保管员：徐照　　　记账：张宏　　　领料主管：李亮　　　领料人：蔡宁

表 5－107　　　　　　　　　　　　　　**领料单 NO. 19**

领料单位：加工车间　　　　　　　　2023 年 6 月 2 日　　　　　　　　发料仓库：1 号仓库

材料种类	材料编号	材料名称	计量单位	数量		发出成本（元）		用途
				请领	实发	单价	金额	
外购半成品	LH115	LX	台	50	50	260	13000	

批料：王亮　　　保管员：徐照　　　记账：张宏　　　领料主管：李亮　　　领料人：蔡宁

表 5－108　　　　　　　　　　　　　　**领料单 NO. 20**

领料单位：加工车间　　　　　　　　2023 年 6 月 2 日　　　　　　　　发料仓库：1 号仓库

材料种类	材料编号	材料名称	计量单位	数量		发出成本（元）		用途
				请领	实发	单价	金额	
原料	LP405	BX	吨	15	15	3000	45000	

批料：王亮　　　保管员：徐照　　　记账：张宏　　　领料主管：李亮　　　领料人：蔡宁

表 5 – 109　　　　　　　　　　　　　　**领料单 NO. 21**

领料单位：加工车间　　　　　　　　2023 年 6 月 2 日　　　　　　　　发料仓库：1 号仓库

材料种类	材料编号	材料名称	计量单位	数量		发出成本（元）		用途
				请领	实发	单价	金额	
原料	LP405	BX	吨	6	6	3000	18000	

批料：王亮　　　保管员：徐照　　　记账：张宏　　　领料主管：李亮　　　领料人：蔡宁

表 5 – 110　　　　　　　　　　　　　　**领料单 NO. 22**

领料单位：加工车间　　　　　　　　2023 年 6 月 2 日　　　　　　　　发料仓库：1 号仓库

材料种类	材料编号	材料名称	计量单位	数量		发出成本（元）		用途
				请领	实发	单价	金额	
辅助材料	LU001	RX	千克	50	50	3.9	195	一般消耗

批料：王亮　　　保管员：徐照　　　记账：张宏　　　领料主管：李亮　　　领料人：蔡宁

表 5 – 111　　　　　　　　　　　　　　**领料单 NO. 23**

领料单位：加工车间　　　　　　　　2023 年 6 月 2 日　　　　　　　　发料仓库：1 号仓库

材料种类	材料编号	材料名称	计量单位	数量		发出成本（元）		用途
				请领	实发	单价	金额	
外购半成品	LH114	LX	台	30	30	1440	43200	

批料：王亮　　　保管员：徐照　　　记账：张宏　　　领料主管：李亮　　　领料人：蔡宁

表 5 – 112　　　　　　　　　　　　　　**领料单 NO. 24**

领料单位：加工车间　　　　　　　　2023 年 6 月 2 日　　　　　　　　发料仓库：1 号仓库

材料种类	材料编号	材料名称	计量单位	数量		发出成本（元）		用途
				请领	实发	单价	金额	
外购半成品	LH115	LX	台	100	100	260	2600	

批料：王亮　　　保管员：徐照　　　记账：张宏　　　领料主管：李亮　　　领料人：蔡宁

表 5 – 113　　　　　　　　　　　领料单 NO. 25

领料单位：加工车间　　　　　　　　2023 年 6 月 2 日　　　　　　　　发料仓库：1 号仓库

材料种类	材料编号	材料名称	计量单位	数量		发出成本（元）		用途
				请领	实发	单价	金额	
外购半成品	LG002	NX	套	50	50	350	17500	

批料：王亮　　　保管员：徐照　　　记账：张宏　　　领料主管：李亮　　　领料人：蔡宁

表 5 – 114　　　　　　　　　　　领料单 NO. 26

领料单位：加工车间　　　　　　　　2023 年 6 月 2 日　　　　　　　　发料仓库：1 号仓库

材料种类	材料编号	材料名称	计量单位	数量		发出成本（元）		用途
				请领	实发	单价	金额	
外购半成品	LG003	NX	套	200	200	138	27600	

批料：王亮　　　保管员：徐照　　　记账：张宏　　　领料主管：李亮　　　领料人：蔡宁

表 5 – 115　　　　　　　　　　　领料单 NO. 27

领料单位：加工车间　　　　　　　　2023 年 6 月 2 日　　　　　　　　发料仓库：1 号仓库

材料种类	材料编号	材料名称	计量单位	数量		发出成本（元）		用途
				请领	实发	单价	金额	
外购半成品	LG002	NX	套	20	20	350	7000	

批料：王亮　　　保管员：徐照　　　记账：张宏　　　领料主管：李亮　　　领料人：蔡宁

表 5 – 116　　　　　　　　　　　领料单 NO. 28

领料单位：加工车间　　　　　　　　2023 年 6 月 2 日　　　　　　　　发料仓库：1 号仓库

材料种类	材料编号	材料名称	计量单位	数量		发出成本（元）		用途
				请领	实发	单价	金额	
外购半成品	LG003	NX	套	10	10	138	1380	

批料：王亮　　　保管员：徐照　　　记账：张宏　　　领料主管：李亮　　　领料人：蔡宁

表 5 – 117　　　　　　　　　　　**领料单 NO. 29**

领料单位：加工车间　　　　　　2023 年 6 月 2 日　　　　　　发料仓库：1 号仓库

材料 种类	材料 编号	材料 名称	计量 单位	数量		发出成本（元）		用途
				请领	实发	单价	金额	
外购半成品	LS001	PX	个	300	300	20.5	6150	

批料：王亮　　保管员：徐照　　记账：张宏　　领料主管：李亮　　领料人：蔡宁

表 5 – 118　　　　　　　　　　　**领料单 NO. 30**

领料单位：加工车间　　　　　　2023 年 6 月 2 日　　　　　　发料仓库：1 号仓库

材料 种类	材料 编号	材料 名称	计量 单位	数量		发出成本（元）		用途
				请领	实发	单价	金额	
辅助材料	LU001	RX	千克	100	100	3.9	390	维修设备

批料：王亮　　保管员：徐照　　记账：张宏　　领料主管：李亮　　领料人：蔡宁

表 5 – 119　　　　　　　　　　　**领料单 NO. 31**

领料单位：加工车间　　　　　　2023 年 6 月 2 日　　　　　　发料仓库：1 号仓库

材料 种类	材料 编号	材料 名称	计量 单位	数量		发出成本（元）		用途
				请领	实发	单价	金额	
辅助材料	LQ001	QX	千克	30	30	10	300	

批料：王亮　　保管员：徐照　　记账：张宏　　领料主管：李亮　　领料人：蔡宁

表 5 – 120　　　　　　　　　　　**领料单 NO. 32**

领料单位：加工车间　　　　　　2023 年 6 月 2 日　　　　　　发料仓库：1 号仓库

材料 种类	材料 编号	材料 名称	计量 单位	数量		发出成本（元）		用途
				请领	实发	单价	金额	
低值易耗品	MN010	YX	把	100	100	45	4500	一般消耗

批料：王亮　　保管员：徐照　　记账：张宏　　领料主管：李亮　　领料人：蔡宁

表 5 - 121 　　　　　　　　　　　　**领料单 NO. 33**

领料单位：加工车间　　　　　　2023 年 6 月 2 日　　　　　　发料仓库：1 号仓库

材料 种类	材料 编号	材料 名称	计量 单位	数量		发出成本（元）		用途
				请领	实发	单价	金额	
低值易耗品	MN025	TX	双	200	200	30	600	一般消耗

批料：王亮　　　保管员：徐照　　　记账：张宏　　　领料主管：李亮　　　领料人：蔡宁

表 5 - 122 　　　　　　　　　　　　**领料单 NO. 34**

领料单位：加工车间　　　　　　2023 年 6 月 14 日　　　　　　发料仓库：1 号仓库

材料 种类	材料 编号	材料 名称	计量 单位	数量		发出成本（元）		用途
				请领	实发	单价	金额	
燃料	LL105	GX	吨	5	5	470	2350	

批料：王亮　　　保管员：徐照　　　记账：张宏　　　领料主管：李亮　　　领料人：蔡宁

表 5 - 123 　　　　　　　　　　　　**领料单 NO. 35**

领料单位：加工车间　　　　　　2023 年 6 月 14 日　　　　　　发料仓库：1 号仓库

材料 种类	材料 编号	材料 名称	计量 单位	数量		发出成本（元）		用途
				请领	实发	单价	金额	
辅助材料	LL106	KX	吨	5	5	180	900	一般消耗

批料：王亮　　　保管员：徐照　　　记账：张宏　　　领料主管：李亮　　　领料人：蔡宁

表 5 - 124 　　　　　　　　　　　　**领料单 NO. 36**

领料单位：加工车间　　　　　　2023 年 6 月 14 日　　　　　　发料仓库：1 号仓库

材料 种类	材料 编号	材料 名称	计量 单位	数量		发出成本（元）		用途
				请领	实发	单价	金额	
原料	LP405	BX	吨	5.5	5.5	3000	16500	

批料：王亮　　　保管员：徐照　　　记账：张宏　　　领料主管：李亮　　　领料人：蔡宁

表 5 – 125　　　　　　　　　　　**领料单 NO. 37**

领料单位：加工车间　　　　　2023 年 6 月 14 日　　　　　发料仓库：1 号仓库

材料 种类	材料 编号	材料 名称	计量 单位	数量		发出成本（元）		用途
				请领	实发	单价	金额	
辅助材料	LQ001	QX	千克	100	100	10	1000	

批料：王亮　　　保管员：徐照　　　记账：张宏　　　领料主管：李亮　　　领料人：蔡宁

表 5 – 126　　　　　　　　　　　**领料单 NO. 38**

领料单位：加工车间　　　　　2023 年 6 月 14 日　　　　　发料仓库：1 号仓库

材料 种类	材料 编号	材料 名称	计量 单位	数量		发出成本（元）		用途
				请领	实发	单价	金额	
外购半成品	LH114	LX	台	10	10	1440	14400	

批料：王亮　　　保管员：徐照　　　记账：张宏　　　领料主管：李亮　　　领料人：蔡宁

表 5 – 127　　　　　　　　　　　**领料单 NO. 39**

领料单位：加工车间　　　　　2023 年 6 月 14 日　　　　　发料仓库：1 号仓库

材料 种类	材料 编号	材料 名称	计量 单位	数量		发出成本（元）		用途
				请领	实发	单价	金额	
外购半成品	LH115	LX	台	50	50	260	13000	

批料：王亮　　　保管员：徐照　　　记账：张宏　　　领料主管：李亮　　　领料人：蔡宁

表 5 – 128　　　　　　　　　　　**领料单 NO. 40**

领料单位：加工车间　　　　　2023 年 6 月 14 日　　　　　发料仓库：1 号仓库

材料 种类	材料 编号	材料 名称	计量 单位	数量		发出成本（元）		用途
				请领	实发	单价	金额	
外购半成品	LG002	NX	套	20	20	350	7000	

批料：王亮　　　保管员：徐照　　　记账：张宏　　　领料主管：李亮　　　领料人：蔡宁

表 5 – 129 领料单 NO. 41

领料单位：加工车间 2023 年 6 月 14 日 发料仓库：1 号仓库

材料种类	材料编号	材料名称	计量单位	数量		发出成本（元）		用途
				请领	实发	单价	金额	
外购半成品	LG003	NX	套	50	50	138	6900	

批料：王亮 保管员：徐照 记账：张宏 领料主管：李亮 领料人：蔡宁

表 5 – 130 领料单 NO. 42

领料单位：加工车间 2023 年 6 月 14 日 发料仓库：1 号仓库

材料种类	材料编号	材料名称	计量单位	数量		发出成本（元）		用途
				请领	实发	单价	金额	
外购半成品	LS001	PX	个	450	450	20.5	9225	

批料：王亮 保管员：徐照 记账：张宏 领料主管：李亮 领料人：蔡宁

表 5 – 131 领料单 NO. 43

领料单位：加工车间 2023 年 6 月 14 日 发料仓库：1 号仓库

材料种类	材料编号	材料名称	计量单位	数量		发出成本（元）		用途
				请领	实发	单价	金额	
辅助材料	LU001	RX	千克	90	90	3.9	351	一般耗用

批料：王亮 保管员：徐照 记账：张宏 领料主管：李亮 领料人：蔡宁

表 5 – 132 领料单 NO. 44

领料单位：加工车间 2023 年 6 月 14 日 发料仓库：1 号仓库

材料种类	材料编号	材料名称	计量单位	数量		发出成本（元）		用途
				请领	实发	单价	金额	
原料	LM010	OX	吨	4	4	1500	6000	

批料：王亮 保管员：徐照 记账：张宏 领料主管：李亮 领料人：蔡宁

表 5 – 133   **领料单 NO. 45**

领料单位：加工车间   2023 年 6 月 17 日   发料仓库：1 号仓库

材料种类	材料编号	材料名称	计量单位	数量		发出成本（元）		用途
				请领	实发	单价	金额	
辅助材料	LQ001	QX	千克	100	100	10	1000	

批料：王亮   保管员：徐照   记账：张宏   领料主管：李亮   领料人：蔡宁

表 5 – 134   **领料单 NO. 46**

领料单位：加工车间   2023 年 6 月 17 日   发料仓库：1 号仓库

材料种类	材料编号	材料名称	计量单位	数量		发出成本（元）		用途
				请领	实发	单价	金额	
原料	LM011	WX	吨	10	10	2000	20000	

批料：王亮   保管员：徐照   记账：张宏   领料主管：李亮   领料人：蔡宁

表 5 – 135   **领料单 NO. 47**

领料单位：加工车间   2023 年 6 月 17 日   发料仓库：1 号仓库

材料种类	材料编号	材料名称	计量单位	数量		发出成本（元）		用途
				请领	实发	单价	金额	
低值易耗品	GF001	YX	把	50	50	45	2250	维修设备

批料：王亮   保管员：徐照   记账：张宏   领料主管：李亮   领料人：蔡宁

表 5 – 136   **领料单 NO. 48**

领料单位：加工车间   2023 年 6 月 17 日   发料仓库：1 号仓库

材料种类	材料编号	材料名称	计量单位	数量		发出成本（元）		用途
				请领	实发	单价	金额	
外购半成品	LS001	PX	个	50	50	20.5	1025	维修用

批料：王亮   保管员：徐照   记账：张宏   领料主管：李亮   领料人：蔡宁

表 5 - 137　　　　　　　　　　　　　　**领料单 NO. 49**

领料单位：加工车间　　　　　　　2023 年 6 月 17 日　　　　　　发料仓库：1 号仓库

材料种类	材料编号	材料名称	计量单位	数量		发出成本（元）		用途
				请领	实发	单价	金额	
辅助材料	LU001	RX	千克	30	30	3.9	117	维修设备

批料：王亮　　　保管员：徐照　　　记账：张宏　　　领料主管：李亮　　　领料人：蔡宁

表 5 - 138　　　　　　　　　　　　　　**领料单 NO. 50**

领料单位：加工车间　　　　　　　2023 年 6 月 17 日　　　　　　发料仓库：1 号仓库

材料种类	材料编号	材料名称	计量单位	数量		发出成本（元）		用途
				请领	实发	单价	金额	
低值易耗品	KK001	VX	个	20	20	4.8	96	维修设备

批料：王亮　　　保管员：徐照　　　记账：张宏　　　领料主管：李亮　　　领料人：蔡宁

表 5 - 139　　　　　　　　　　　　　　**领料单 NO. 51**

领料单位：加工车间　　　　　　　2023 年 6 月 17 日　　　　　　发料仓库：1 号仓库

材料种类	材料编号	材料名称	计量单位	数量		发出成本（元）		用途
				请领	实发	单价	金额	
辅助材料	LQ001	QX	千克	10	10	10	100	物料消耗

批料：王亮　　　保管员：徐照　　　记账：张宏　　　领料主管：李亮　　　领料人：蔡宁

表 5 - 140　　　　　　　　　　　　　　**领料单 NO. 52**

领料单位：加工车间　　　　　　　2023 年 6 月 17 日　　　　　　发料仓库：1 号仓库

材料种类	材料编号	材料名称	计量单位	数量		发出成本（元）		用途
				请领	实发	单价	金额	
辅助材料	LL108	UX	见	5	5	20	100	物料消耗

批料：王亮　　　保管员：徐照　　　记账：张宏　　　领料主管：李亮　　　领料人：蔡宁

表 5 - 141 　　　　　　　　　　　**领料单 NO. 53**

领料单位：加工车间　　　　　　2023 年 6 月 20 日　　　　　　发料仓库：1 号仓库

| 材料种类 | 材料编号 | 材料名称 | 计量单位 | 数量 | | 发出成本（元） | | 用途 |
				请领	实发	单价	金额	
低值易耗品	LQ005	XX	盒	4	4	15	60	物料消耗

批料：王亮　　保管员：徐照　　记账：张宏　　领料主管：李亮　　领料人：蔡宁

表 5 - 142 　　　　　　　　　　　**领料单 NO. 54**

领料单位：加工车间　　　　　　2023 年 6 月 20 日　　　　　　发料仓库：1 号仓库

| 材料种类 | 材料编号 | 材料名称 | 计量单位 | 数量 | | 发出成本（元） | | 用途 |
				请领	实发	单价	金额	
低值易耗品	MN010	YX	把	8	8	45	360	物料消耗

批料：王亮　　保管员：徐照　　记账：张宏　　领料主管：李亮　　领料人：蔡宁

表 5 - 143 　　　　　　　　　　　**领料单 NO. 55**

领料单位：加工车间　　　　　　2023 年 6 月 23 日　　　　　　发料仓库：1 号仓库

| 材料种类 | 材料编号 | 材料名称 | 计量单位 | 数量 | | 发出成本（元） | | 用途 |
				请领	实发	单价	金额	
原料	LK001	AX	吨	4	4	2300	9200	

批料：王亮　　保管员：徐照　　记账：张宏　　领料主管：李亮　　领料人：蔡宁

表 5 - 144 　　　　　　　　　　　**领料单 NO. 56**

领料单位：加工车间　　　　　　2023 年 6 月 23 日　　　　　　发料仓库：1 号仓库

| 材料种类 | 材料编号 | 材料名称 | 计量单位 | 数量 | | 发出成本（元） | | 用途 |
				请领	实发	单价	金额	
辅助材料	LQ001	QX	千克	10	10	10	100	

批料：王亮　　保管员：徐照　　记账：张宏　　领料主管：李亮　　领料人：蔡宁

表 5 - 145　　　　　　　　　**领料单 NO. 57**

领料单位：加工车间　　　　　　2023 年 6 月 23 日　　　　　　发料仓库：1 号仓库

材料种类	材料编号	材料名称	计量单位	数量		发出成本（元）		用途
				请领	实发	单价	金额	
外购半成品	LH114	LX	台	5	5	1440	7200	

批料：王亮　　　保管员：徐照　　　记账：张宏　　　领料主管：李亮　　　领料人：蔡宁

表 5 - 146　　　　　　　　　**领料单 NO. 58**

领料单位：加工车间　　　　　　2023 年 6 月 23 日　　　　　　发料仓库：1 号仓库

材料种类	材料编号	材料名称	计量单位	数量		发出成本（元）		用途
				请领	实发	单价	金额	
外购半成品	LH115	LX	台	25	25	260	6500	

批料：王亮　　　保管员：徐照　　　记账：张宏　　　领料主管：李亮　　　领料人：蔡宁

表 5 - 147　　　　　　　　　**领料单 NO. 59**

领料单位：加工车间　　　　　　2023 年 6 月 23 日　　　　　　发料仓库：1 号仓库

材料种类	材料编号	材料名称	计量单位	数量		发出成本（元）		用途
				请领	实发	单价	金额	
原料	LK009	ZX	千克	8	8	400	3200	

批料：王亮　　　保管员：徐照　　　记账：张宏　　　领料主管：李亮　　　领料人：蔡宁

表 5 - 148　　　　　　　　　**领料单 NO. 60**

领料单位：加工车间　　　　　　2023 年 6 月 23 日　　　　　　发料仓库：1 号仓库

材料种类	材料编号	材料名称	计量单位	数量		发出成本（元）		用途
				请领	实发	单价	金额	
原料	LM010	OX	吨	2	2	1500	3000	

批料：王亮　　　保管员：徐照　　　记账：张宏　　　领料主管：李亮　　　领料人：蔡宁

表 5 – 149　　　　　　　　　　　　**领料单 NO. 61**

领料单位：加工车间　　　　　　　　2023 年 6 月 23 日　　　　　　　　发料仓库：1 号仓库

材料种类	材料编号	材料名称	计量单位	数量		发出成本（元）		用途
				请领	实发	单价	金额	
原料	LM011	WX	吨	5	5	2000	10000	

批料：王亮　　　保管员：徐照　　　记账：张宏　　　领料主管：李亮　　　领料人：蔡宁

表 5 – 150　　　　　　　　　　　　**领料单 NO. 62**

领料单位：加工车间　　　　　　　　2023 年 6 月 2 日　　　　　　　　发料仓库：1 号仓库

材料种类	材料编号	材料名称	计量单位	数量		发出成本（元）		用途
				请领	实发	单价	金额	
外购半成品	LS001	PX	个	150	150	20.5	3075	

批料：王亮　　　保管员：徐照　　　记账：张宏　　　领料主管：李亮　　　领料人：蔡宁

表 5 – 151　　　　　　　　　　　　**领料单 NO. 63**

领料单位：加工车间　　　　　　　　2023 年 6 月 23 日　　　　　　　　发料仓库：1 号仓库

材料种类	材料编号	材料名称	计量单位	数量		发出成本（元）		用途
				请领	实发	单价	金额	
燃料	LL105	GX	吨	2	2	470	940	

批料：王亮　　　保管员：徐照　　　记账：张宏　　　领料主管：李亮　　　领料人：蔡宁

表 5 – 152　　　　　　　　　　　　**领料单 NO. 64**

领料单位：加工车间　　　　　　　　2023 年 6 月 23 日　　　　　　　　发料仓库：1 号仓库

材料种类	材料编号	材料名称	计量单位	数量		发出成本（元）		用途
				请领	实发	单价	金额	
外购半成品	LG002	NX	套	10	10	350	3500	

批料：王亮　　　保管员：徐照　　　记账：张宏　　　领料主管：李亮　　　领料人：蔡宁

表 5－153　　　　　　　　　　　　　领料单 NO. 65

领料单位：加工车间　　　　　　　2023 年 6 月 23 日　　　　　　　发料仓库：1 号仓库

材料种类	材料编号	材料名称	计量单位	数量		发出成本（元）		用途
				请领	实发	单价	金额	
外购半成品	LG003	NX	套	5	5	138	690	

批料：王亮　　　　保管员：徐照　　　　记账：张宏　　　　领料主管：李亮　　　　领料人：蔡宁

表 5－154　　　　　　　　　　　　　领料单 NO. 66

领料单位：加工车间　　　　　　　2023 年 6 月 23 日　　　　　　　发料仓库：1 号仓库

材料种类	材料编号	材料名称	计量单位	数量		发出成本（元）		用途
				请领	实发	单价	金额	
原料	LP405	BX	吨	3	3	3000	9000	

批料：王亮　　　　保管员：徐照　　　　记账：张宏　　　　领料主管：李亮　　　　领料人：蔡宁

表 5－155　　　　　　　　　　　　　领料单 NO. 67

领料单位：加工车间　　　　　　　2023 年 6 月 23 日　　　　　　　发料仓库：1 号仓库

材料种类	材料编号	材料名称	计量单位	数量		发出成本（元）		用途
				请领	实发	单价	金额	
辅助材料	LU001	RX	千克	20	20	3.9	78	一般耗用

批料：王亮　　　　保管员：徐照　　　　记账：张宏　　　　领料主管：李亮　　　　领料人：蔡宁

表 5－156　　　　　　　　　　　　　领料单 NO. 68

领料单位：加工车间　　　　　　　2023 年 6 月 23 日　　　　　　　发料仓库：1 号仓库

材料种类	材料编号	材料名称	计量单位	数量		发出成本（元）		用途
				请领	实发	单价	金额	
低植易耗品	MN010	YX	把	20	20	45	900	一般耗用

批料：王亮　　　　保管员：徐照　　　　记账：张宏　　　　领料主管：李亮　　　　领料人：蔡宁

表 5 - 157　　　　　　　　　领料单 NO. 69

领料单位：加工车间　　　　　　2023 年 6 月 23 日　　　　　发料仓库：1 号仓库

材料种类	材料编号	材料名称	计量单位	数量		发出成本（元）		用途
				请领	实发	单价	金额	
低值易耗品	MN025	TX	双	40	40	30	1200	一般耗用

批料：王亮　　保管员：徐照　　记账：张宏　　领料主管：李亮　　领料人：蔡宁

表 5 - 158　　　　　　　　　领料单 NO. 70

领料单位：加工车间　　　　　　2023 年 6 月 23 日　　　　　发料仓库：1 号仓库

材料种类	材料编号	材料名称	计量单位	数量		发出成本（元）		用途
				请领	实发	单价	金额	
辅助材料	LL108	UX	件	5	5	20	100	物料消耗

批料：王亮　　保管员：徐照　　记账：张宏　　领料主管：李亮　　领料人：蔡宁

（3）元和家具公司加工车间、运输车间及公司总部管理人员 6 月工资薪金结算情况如表 5 - 159 所示。

表 5 - 159　　　　　　　　　工资薪金结算汇总表

2023 年 6 月　　　　　　　　　　　　　单位：元

部门人员		基本工资	经常性奖金	津贴和补贴		加班加点工资	应扣工资		应付工资
部门名称	人员类别			生活补贴	中夜班补贴		病假	事假	
加工车间	生产工人	122400	27375	16650	3000	1125	375	0	170175
	车间管理人员	56250	8625	6750	1875	525	0	0	74025
运输车间	生产工人	66000	11250	13500	3000	750	0	0	94500
	车间管理人员	35400	7275	6000	1125	375	0	450	49725
	小计	101400	18525	19500	4125	1125	0	450	144225
管理部门		101250	21000	13500	2625	1050	375	0	139050
合计		381300	75525	56400	11625	3825	750	450	527475

（4）元和家具公司 6 月固定资产折旧的有关计算资料如表 5 – 160 所示。

表 5 – 160　　　　　　　　　固定资产折旧计算表

2023 年 6 月　　　　　　　　　　　　　　　单位：元

使用部门		上月已提折旧额	上月增加的固定资产应计提的折旧额	上月减少的固定资产应计提的折旧额	本月应计提的折旧额
加工车间	厂房	23500	4900	0	28400
	机器设备	73000	8750	6750	75000
	小计	96500	13650	6750	103400
运输车间	厂房	21600	3600	0	25200
	机器设备	43500	9250	6250	46500
	小计	65100	12850	6250	71700
管理部门		16000	0	0	16000
合计		177600	26500	13000	191100

（5）元和家具公司 6 月用银行存款支付水费 17760 元，电费 52200 元，各车间、部门本月消耗用的水电量如表 5 – 161 所示。生产用水电费按照各批产品生产工时比例分配至各批产品成本中。

表 5 – 161　　　　　　　各部门消耗的水电费用情况表

2023 年 6 月

使用部门		用电度数	电费金额（元）	用水数量	水费金额（元）	水电费合计（元）
加工车间	生产用	53000	31800	10000	8000	39800
	车间管理用	800	480	400	320	800
运输车间		21600	12960	5300	4240	17200
管理部门		11600	6960	6500	5200	12160
合计		87000	52200	22200	17760	69960

（6）运输车间6月发生油料等费用36000元，运输车间费用按各部门耗用劳务数量分配，加工车间和公司总部管理部门耗用运输服务数量如表5-162所示。

表5-162　　　　　　运输车间供应劳务数量汇总表

2023年6月

受益部门	运输服务量
加工车间	35000
管理部门	15000
合计	50000

（7）元和家具公司6月用银行存款支付保险费2000元，保险费用分配表如表5-163所示。

表5-163　　　　　　　保险费用分配表

2023年6月

费用种类	使用部门	金额（元）
保险费	加工车间	1000
保险费	运输车间	600
保险费	管理部门	400
保险费	合计	2000

（8）元和家具公司6月按生产批号设立了各批产品的明细账，生产情况如下：

6101批办公椅140台，本月投产但未完工；

6102批办公椅100台，本月投产并完工20台；

6103批办公椅50台，本月投产但未完工；

6201批办公桌160台，5月投产，本月全部完工；

6202批办公桌120台，5月投产，本月完工50台。

6201批和6202批办公桌月初在产品成本资料如表5-164所示。

表 5 - 164　　　　　　　　　月初在产品成本表　　　　　　　　单位：元

项目	材料费用	人工费用	制造费用	合计
6201 批	331500	11097.86	38809.2	381407.06
6202 批	468673.2	4351.215	13488.09	486512.51

6201 批和 6202 批办公桌产品所用材料都是在生产开始时一次投入，同一批次产品材料费用按完工产品和在产品实际数量比例分配，其他费用采用约当产量法在完工产品与月末在产品之间进行分配。假定各批产品在产品的完工程度为 50%。

6102 批办公椅产品本月提前完工 20 台，按计划成本转出其成本。每台办公椅的计划成本如表 5 - 165 所示。

表 5 - 165　　　　　　　　办公椅单位计划成本表

2023 年 6 月　　　　　　　　　　　　　　　　　单位：元

项目	材料费用	人工费用	制造费用	合计
单台计划成本	95	40	75	210

三、案例式教学的组织

（一）讲授理论框架

分批法案例材料收集整理了元和家具公司 6 月的生产费用基础性资料，要求学生根据这些基础性资料计算出办公椅、办公桌两种产品五批订单的成本。这个案例包括了成本会计核算的全过程，从按照客户订单确定成本核算对象，到材料、人工和制造费用等要素费用的归集，从辅助生产费用和制造费用的分配，到生产费用在完工产品和在产品之间进行分配，涉及了材料费用的归集与分配、人工费用的归集与分配以及其他相关费用的归集与分配。该案例基本涵盖了成本会计核算的全过程，是对成本会计核算分批法的一次全面体验。

由于涉及案例材料多，涉及大量材料费用的归集与分配等基础性工作，需要合理安排时间才能完成案例的练习、研讨，所以要求授课教师要精心设计案例教学流程和环节，使学生高效率掌握分批法核算的基本方法和关键环节问题处理技巧。

（二）案例资料导入

这份案例资料应该提前通过学习通等教学平台推送给学生，要求学生在课前对案例资料有一个概括的了解，并对整体成本会计核算流程做出设计。课堂上，教师对案例材料的关键点做强调，比如本案例中元和家具公司有一个基本生产车间家具加工车间，生产办公椅、办公桌等两种产品，公司按照客户订单分批计算产品成本；该公司还设有运输车间一个辅助生产车间，为基本生产或销售部门提供运输服务；加工车间组织管理生产的费用通过"制造费用"科目核算；月末加工车间制造费用、生产用材料、生产工人工资按不同批次产品所耗实际工时的比例进行分配；办公椅产品期末在产品按照计划成本计算，办公桌产品按照约当产量法划分完工产品和半成品成本费用。

由于案例材料涉及了成本会计核算的全过程，而且只有在具体计算过程中才能发现问题并引发学生思考问题，因此，在整个授课过程中，授课教师要引导学生以案例公司成本会计核算为线索，把握好授课的关键环节对案例公司的成本会计核算资料进行分阶段讨论和分析。

（三）案例问题引导

在学生熟悉了案例材料后，教师可以将案例公司成本核算分为三个阶段进行实操和研讨。第一阶段，成本核算对象的确定，会计科目的设置，核算流程的设计，要素费用的归集；围绕这些关键点进行课堂讨论和分析；第二阶段，要素费用的分配、辅助生产成本的归集与分配、制造费用的归集与分配；围绕这些问题进行课堂练习、讨论和分析；第三阶段，将生产费用在完工产品和在产品之间进行分配，完成案例材料的计算并由授课教师对该案例做出总结。

（四）课堂分析讨论

由于涉及比较烦琐的材料整理与计算，授课教师可以根据班级学生对会计知识的掌握程度和课时安排情况，安排学生在课前完成有关材料费用的汇总和计算，也可以直接将材料费用汇总表给学生，引导学生针对第一阶段的知识点进行发言和讨论。第一阶段涉及的过程性计算结果如表 5-166 至表 5-169 所示，可以作为教师授课的参考。

表 5-166　　　　　　　　　　材料费用分配表

2023 年 6 月　　　　　　　　　　　　　金额单位：元

应借科目	生产成本——基本生产						制造费用
	6101 批	6102 批	6103 批	6201 批	6202 批	小计	
生产工时	4000	3200	1200	6000	5600	20000	—
分配率	0.2	0.16	0.06	0.3	0.28	1	—
分配金额	100242	80193.6	30072.6	150363	140338.8	501210	17972

表 5-167　　　　　　　　　　人工费用分配表

2023 年 6 月　　　　　　　　　　　　　金额单位：元

应借科目		生产工人工资			管理人员工资	合计
		生产工时	分配率	应负担的工资		
办公椅	6101 号	4000	0.2	34035		34035
	6102 号	3200	0.16	27228		27228
	6103 号	1200	0.06	10210.5		10210.5
	办公椅小计	8400	0.42	71473.5		71473.5
办公桌	6201 号	6000	0.3	51052.5		51052.5
	6202 号	5600	0.28	47649		47649
	办公桌小计	11600	0.58	98701.5		98701.5
基本生产工资小计		20000	1	170175		170175
辅助生产				94500	49725	144225
制造费用					74025	74025
管理费用					139050	139050
合计		—	—	264675	262800	527475

表 5 – 168   固定资产折旧费用分配表

2023 年 6 月   单位：元

借记科目	本月应计提的折旧额
制造费用	103400
辅助生产成本	71700
管理费用	16000
合计	191100

表 5 – 169   水电费用分配表

2023 年 6 月   金额单位：元

应借科目		生产工时	分配率	应负担的水电费
办公椅	6101 号	4000	0.2	7960
	6102 号	3200	0.16	6368
	6103 号	1200	0.06	2388
	办公椅小计	8400	0.42	16716
办公桌	6201 号	6000	0.3	11940
	6202 号	5600	0.28	11144
	办公桌小计	11600	0.58	23084
基本生产工资小计		20000	1	39800
辅助生产		—	—	800
制造费用		—	—	17200
管理费用		—	—	12160
合计		—	—	69960

　　第二阶段，要求学生完成对产品共同耗用材料以及折旧、水电费、保险费等费用分配后，结合该公司的规定，完成对辅助生产费用和制造费用的分配，并引导学生对生产费用分配的一般规律做总结和研讨。第二阶段涉及的过程性计算结果如表 5 – 170 至表 5 – 173 所示，可以作为教师授课的参考。

表 5 - 170　　　　　　　　　　辅助生产成本计算表

2023 年 6 月　　　　　　　　　　　　　　单位：元

应记科目	原材料	人工费用	折旧费	水电费	保险费	合计
辅助生产成本	36000	144225	71700	800	600	253325

表 5 - 171　　　　　　　　　　辅助生产成本分配表

2023 年 6 月　　　　　　　　　　　金额单位：元

受益部门	运输服务量	分配率	应分配辅助生产成本
加工车间	35000	0.7	177327.5
管理部门	15000	0.3	75997.5
合计	50000	1	253325

表 5 - 172　　　　　　　　　　制造费用计算表

车间：加工车间　　　　　　　　　2023 年 6 月　　　　　　　　　　单位：元

应记科目	原材料	人工费用	折旧费	水电费	保险费	辅助生产费用	合计
制造费用	17972	74025	103400	17200	1000	177327.5	390924.5

表 5 - 173　　　　　　　　　　制造费用分配表

车间：加工车间　　　　　　　　　2023 年 6 月　　　　　　　　金额单位：元

分配对象（批别）	分配标准（生产工时）	分配率	分配金额
6101 号	4000	0.2	78184.9
6102 号	3200	0.16	62547.92
6103 号	1200	0.06	23455.47
6201 号	6000	0.3	117277.4
6202 号	5600	0.28	109458.9
合计	20000	1	390924.5

第三阶段，要求学生完成生产费用在产成品和在产品之间的分配，结合之前所学，回顾总结这一环节常用的分配方法，引导学生对这个环节生产费用分配的一般方法做总结和研讨。第三阶段即可完成全部案例材料中五批产

品订单的核算，相关计算结果如表5－174至表5－178所示，可以作为教师授课的参考。

表5－174　　　　　　　　**产品成本计算表**　　　　　　单位：元

产品批号6101　　　　　　　产品名称：办公椅　　　　　批量：140台

项目	材料费用	人工费用	制造费用	合计
本月生产费用	100242	34035	78184.9	212461.9

表5－175　　　　　　　　**产品成本计算表**　　　　　　单位：元

产品批号：6102　　　　　　产品名称：办公椅　　批量：100台（本月完工20台）

项目	材料费用	人工费用	制造费用	合计
本月生产费用	80193.6	27228	62547.92	169969.52
单台计划成本	95	40	75	210
完工产品成本	1900	800	1500	4200
月末在产品费用	78293.6	26428	61047.92	165769.52

表5－176　　　　　　　　**产品成本计算表**　　　　　　单位：元

产品批号：6103　　　　　　产品名称：办公椅　　批量：100台（本月完工20台）

项目	材料费用	人工费用	制造费用	合计
本月生产费用	30072.6	10210.5	23455.47	63738.57

表5－177　　　　　　　　**产品成本计算表**　　　　　　单位：元

产品批号：6201　　　　　　产品名称：办公桌　　批量：160台（本月完工160台）

项目	材料费用	人工费用	制造费用	合计
月初在产品费用	331500	11097.86	38809.2	381407.06
本月生产费用	150363	51052.5	117277.4	318692.9
生产费用合计	481863	62150.36	156086.6	700100
完工产品成本	481863	62150.36	156086.6	700100
完工产品单位成本	3011.64	388.44	975.54	4375.63

表 5 – 178　　　　　　　　　　产品成本明计算表　　　　　　　　　单位：元

产品批号 6201　　　　　　产品名称：办公桌　　　批量：120 台（本月完工 50 台）

项目	材料费用	人工费用	制造费用	合计
月初在产品费用	468673.2	4351.215	13488.09	486512.51
本月生产费用	140338.8	47649	109458.9	297446.7
生产费用合计	609012	52000.22	122947	783959.21
单位成本分配率	5075.1	611.7673	1446.435	—
完工产品成本	253755	30588.36	72321.76	356665.12
完工产品单位成本	5075.1	611.77	1446.44	7133.31
月末在产品费用	355257	21411.86	50625.24	427294.09

（五）案例教学总结

学生讨论发言结束后，教师要对讨论发言的情况做一下总结。教师事先可以针对案例资料做一些拓展性的教学总结。比如结合该案例材料讲解成本会计的核算对象以订单为单位的特点，企业生产经营特点和管理的需要是决定成本会计核算对象的重要因素；共同耗用的材料费用要在不同批别成本核算对象之间进行分配，分配的常用标准可以是重量、体积等，但是本案例采用了生产工时，适合该企业生产规模小，采用了更为简捷的计算方法；在成本核算过程中，涉及辅助生产费用和制造费用的归集和分配，这些费用逐渐结转到最终产品成本中去，本案例中辅助生产车间没有设置制造费用科目，辅助生产成本也只在管理部门和一个基本生产车间之间分配，较为简单；本案例针对办公桌和办公椅选择不同的方法划分完工产品和在产品的成本，比如办公桌按照约当产量法，而办公椅完工产品用计划成本来计算等。

授课教师还可以对成本会计核算的方法做一些阶段性总结。阶段性总结的内容可以参考前序章节的要素费用核算的相关内容并结合本案例情况做概括总结，教师还要对学生提出的一些例外事项进行点评总结。

第三节 分步法案例教学方法及应用

一、案例公司背景资料

无锡白天鹅电器公司大量生产电冰箱和电冰柜两种产品，产品分为两个步骤生产加工完成，两个生产步骤分别由第一、第二车间开展进行，产品在第一车间加工后直接投入第二车间进行连续加工。也就是由第一车间生产压缩机等半成品，然后由第二车间继续加工生产形成电冰箱和电冰柜产成品。为了加强电器产品成本管理，尤其是各生产步骤的成本控制，该公司采用分步法分别针对第一、第二车间的生产过程计算每一生产步骤产品的成本。该公司的第三车间为辅助生产车间，为公司总部管理部门及基本生产车间提供供水服务。

按照该公司财务制度的规定，各车间均设置"制造费用"科目核算各车间组织管理车间生产活动所发生的制造费用。产品成本明细账设置的成本项目包括"原材料（半成品）""燃料及动力""人工费用""制造费用"等。

二、案例公司经济业务

（1）根据 9 月无锡白天鹅电器公司的各类付款凭证，汇总得出公司当月货币支出情况表，如表 5-179 所示。

表 5-179　　　　　　　　　货币支出情况表

2023 年 9 月 1 日　　　　　　　　　　　单位：元

车间部门	办公费	劳动保护费	其他费用
第一车间	2000	2000	960
第二车间	1500	1500	960
第三车间	1000	1000	240
管理部门	2000	1000	1000

（2）生产经营领用材料情况。2023 年 9 月，无锡白天鹅电器公司在生产电冰箱、电冰柜两种产品时共同领用 JC 材料 10000 千克，计 20000元。本月投产电冰箱产品 1000 件，电冰柜产品 500 件。两种主要产品对JC 材料消耗定额为：电冰箱产品 8 千克，电冰柜产品 9 千克。电冰箱、电冰柜产品按 JC 原材料定额消耗比例分配材料费用。生产中所用到的低值易耗品采用一次转销法直接计入产品成本费用。生产经营领用材料情况，详见表 5 - 180 至表 5 - 249。

表 5 - 180　　　　　　　　　　　领料单 NO. 01

领料单位：第一车间　　　　　　　2023 年 9 月 1 日　　　　　发料仓库：白天鹅 1 号

编号	材料名称	计量单位	数量		单位成本（元）	金额（元）
			请领	实发		
10	JC	吨	2	2	2000	4000
用途	生产用原料（电冰箱、电冰柜共用）			备注		

批料：张凯　　　保管员：王帅　　　记账：洪霞　　　领料主管：王玉　　　领料人：陶泰盛

表 5 - 181　　　　　　　　　　　领料单 NO. 02

领料单位：第一车间　　　　　　　2023 年 9 月 1 日　　　　　发料仓库：白天鹅 1 号

编号	材料名称	计量单位	数量		单位成本（元）	金额（元）
			请领	实发		
10	JC	吨	5	5	2000	10000
用途	生产用原料（电冰箱、电冰柜共用）			备注		

批料：张凯　　　保管员：王帅　　　记账：洪霞　　　领料主管：王玉　　　领料人：陶泰盛

表 5 - 182　　　　　　　　　　　领料单 NO. 03

领料单位：第一车间　　　　　　　2023 年 9 月 1 日　　　　　发料仓库：白天鹅 1 号

编号	材料名称	计量单位	数量		单位成本（元）	金额（元）
			请领	实发		
10	JC	吨	3	3	2000	6000
用途	生产用原料（电冰箱、电冰柜共用）			备注		

批料：张凯　　　保管员：王帅　　　记账：洪霞　　　领料主管：王玉　　　领料人：陶泰盛

表 5 – 183　　　　　　　　　　　　领料单 NO. 04

领料单位：第一车间　　　　　　　2023 年 9 月 1 日　　　　　　　发料仓库：白天鹅 1 号

编号	材料名称	计量单位	数量		单位成本（元）	金额（元）
			请领	实发		
09	BD	吨	5	5	3000	15000
用途	生产用原料（电冰柜产品）			备注		

批料：张凯　　保管员：王帅　　记账：洪霞　　领料主管：王玉　　领料人：陶泰盛

表 5 – 184　　　　　　　　　　　　领料单 NO. 05

领料单位：第一车间　　　　　　　2023 年 9 月 1 日　　　　　　　发料仓库：白天鹅 1 号

编号	材料名称	计量单位	数量		单位成本（元）	金额（元）
			请领	实发		
09	BD	吨	2	2	3000	6000
用途	生产用原料（电冰柜产品）			备注		

批料：张凯　　保管员：王帅　　记账：洪霞　　领料主管：王玉　　领料人：陶泰盛

表 5 – 185　　　　　　　　　　　　领料单 NO. 06

领料单位：第一车间　　　　　　　2023 年 9 月 1 日　　　　　　　发料仓库：白天鹅 1 号

编号	材料名称	计量单位	数量		单位成本（元）	金额（元）
			请领	实发		
09	BD	吨	3	3	3000	9000
用途	生产用原料（电冰柜产品）			备注		

批料：张凯　　保管员：王帅　　记账：洪霞　　领料主管：王玉　　领料人：陶泰盛

表 5 – 186　　　　　　　　　　　　领料单 NO. 07

领料单位：第一车间　　　　　　　2023 年 9 月 1 日　　　　　　　发料仓库：白天鹅 1 号

编号	材料名称	计量单位	数量		单位成本（元）	金额（元）
			请领	实发		
08	AM	吨	3	3	30000	90000
用途	生产用原料（电冰箱产品）			备注		

批料：张凯　　保管员：王帅　　记账：洪霞　　领料主管：王玉　　领料人：陶泰盛

表 5 – 187　　　　　　　　　　**领料单 NO. 08**

领料单位：第一车间　　　　　　　2023 年 9 月 1 日　　　　　　　发料仓库：白天鹅 1 号

编号	材料名称	计量单位	数量		单位成本（元）	金额（元）
			请领	实发		
08	AM	吨	2	2	30000	60000
用途	生产用原料（电冰箱产品）		备注			

批料：张凯　　　保管员：王帅　　　记账：洪霞　　　领料主管：王玉　　　领料人：陶泰盛

表 5 – 188　　　　　　　　　　**领料单 NO. 09**

领料单位：第一车间　　　　　　　2023 年 9 月 1 日　　　　　　　发料仓库：白天鹅 1 号

编号	材料名称	计量单位	数量		单位成本（元）	金额（元）
			请领	实发		
08	AM	吨	3	3	30000	90000
用途	生产用原料（电冰箱产品）		备注			

批料：张凯　　　保管员：王帅　　　记账：洪霞　　　领料主管：王玉　　　领料人：陶泰盛

表 5 – 189　　　　　　　　　　**领料单 NO. 10**

领料单位：第三车间　　　　　　　2023 年 9 月 1 日　　　　　　　发料仓库：白天鹅 1 号

编号	材料名称	计量单位	数量		单位成本（元）	金额（元）
			请领	实发		
22	EP	吨	3	3	1000	3000
用途	生产用原料		备注			

批料：张凯　　　保管员：王帅　　　记账：洪霞　　　领料主管：王玉　　　领料人：陶泰盛

表 5 – 190　　　　　　　　　　**领料单 NO. 11**

领料单位：第三车间　　　　　　　2023 年 9 月 1 日　　　　　　　发料仓库：白天鹅 1 号

编号	材料名称	计量单位	数量		单位成本（元）	金额（元）
			请领	实发		
22	EP	吨	5	5	1000	5000
用途	生产用原料		备注			

批料：张凯　　　保管员：王帅　　　记账：洪霞　　　领料主管：王玉　　　领料人：陶泰盛

表 5 – 191　　　　　　　　　　　**领料单 NO. 12**

领料单位：第三车间　　　　　　　2023 年 9 月 1 日　　　　　　　发料仓库：白天鹅 1 号

编号	材料名称	计量单位	数量		单位成本（元）	金额（元）
			请领	实发		
22	EP	吨	10	10	1000	10000
用途	生产用原料			备注		

批料：张凯　　保管员：王帅　　记账：洪霞　　领料主管：王玉　　领料人：陶泰盛

表 5 – 192　　　　　　　　　　　**领料单 NO. 13**

领料单位：第三车间　　　　　　　2023 年 9 月 1 日　　　　　　　发料仓库：白天鹅 1 号

编号	材料名称	计量单位	数量		单位成本（元）	金额（元）
			请领	实发		
21	DS	吨	2	2	2000	4000
用途	生产用原料			备注		

批料：张凯　　保管员：王帅　　记账：洪霞　　领料主管：王玉　　领料人：陶泰盛

表 5 – 193　　　　　　　　　　　**领料单 NO. 14**

领料单位：第一车间　　　　　　　2023 年 9 月 1 日　　　　　　　发料仓库：白天鹅 1 号

编号	材料名称	计量单位	数量		单位成本（元）	金额（元）
			请领	实发		
21	DS	吨	4	4	2000	8000
用途	生产用原料（电冰柜产品）			备注		

批料：张凯　　保管员：王帅　　记账：洪霞　　领料主管：王玉　　领料人：陶泰盛

表 5 – 194　　　　　　　　　　　**领料单 NO. 15**

领料单位：第一车间　　　　　　　2023 年 9 月 1 日　　　　　　　发料仓库：白天鹅 1 号

编号	材料名称	计量单位	数量		单位成本（元）	金额（元）
			请领	实发		
21	DS	吨	3	3	2000	6000
用途	生产用原料（电冰柜产品）			备注		

批料：张凯　　保管员：王帅　　记账：洪霞　　领料主管：王玉　　领料人：陶泰盛

表 5-195　　　　　　　　　　　　**领料单 NO. 16**

领料单位：第三车间　　　　　　　2023 年 9 月 1 日　　　　　　　发料仓库：白天鹅 1 号

编号	材料名称	计量单位	数量		单位成本（元）	金额（元）
			请领	实发		
24	IU	件	4	4	800	3200
用途	机物料消耗			备注		

批料：张凯　　　保管员：王帅　　　记账：洪霞　　　领料主管：王玉　　　领料人：陶泰盛

表 5-196　　　　　　　　　　　　**领料单 NO. 17**

领料单位：第二车间　　　　　　　2023 年 9 月 1 日　　　　　　　发料仓库：白天鹅 1 号

编号	材料名称	计量单位	数量		单位成本（元）	金额（元）
			请领	实发		
11	PQ	件	5	5	200	1000
用途	修理用			备注		

批料：张凯　　　保管员：王帅　　　记账：洪霞　　　领料主管：王玉　　　领料人：陶泰盛

表 5-197　　　　　　　　　　　　**领料单 NO. 18**

领料单位：第一车间　　　　　　　2023 年 9 月 2 日　　　　　　　发料仓库：白天鹅 1 号

编号	材料名称	计量单位	数量		单位成本（元）	金额（元）
			请领	实发		
01	FF	件	10	10	80	800
用途	机物料消耗			备注		

批料：张凯　　　保管员：王帅　　　记账：洪霞　　　领料主管：王玉　　　领料人：陶泰盛

表 5-198　　　　　　　　　　　　**领料单 NO. 19**

领料单位：第三车间　　　　　　　2023 年 9 月 2 日　　　　　　　发料仓库：白天鹅 1 号

编号	材料名称	计量单位	数量		单位成本（元）	金额（元）
			请领	实发		
23	XY	件	2	2	40	80
用途	修理用			备注		

批料：张凯　　　保管员：王帅　　　记账：洪霞　　　领料主管：王玉　　　领料人：陶泰盛

表 5 - 199 　　　　　　　　**领料单 NO. 20**

领料单位：第二车间　　　　　　2023 年 9 月 2 日　　　　　　发料仓库：白天鹅 1 号

编号	材料名称	计量单位	数量		单位成本（元）	金额（元）
			请领	实发		
15	TV	件	30	30	100	3000
用途	修理用			备注		

批料：张凯　　保管员：王帅　　记账：洪霞　　领料主管：王玉　　领料人：陶泰盛

表 5 - 200 　　　　　　　　**领料单 NO. 21**

领料单位：第二车间　　　　　　2023 年 9 月 2 日　　　　　　发料仓库：白天鹅 1 号

编号	材料名称	计量单位	数量		单位成本（元）	金额（元）
			请领	实发		
19	WQ	吨	5	5	2000	10000
用途	修理用			备注		

批料：张凯　　保管员：王帅　　记账：洪霞　　领料主管：王玉　　领料人：陶泰盛

表 5 - 201 　　　　　　　　**领料单 NO. 22**

领料单位：第一车间　　　　　　2023 年 9 月 3 日　　　　　　发料仓库：白天鹅 1 号

编号	材料名称	计量单位	数量		单位成本（元）	金额（元）
			请领	实发		
03	YY	吨	0.5	0.5	1000	500
用途	领用低值易耗品			备注		

批料：张凯　　保管员：王帅　　记账：洪霞　　领料主管：王玉　　领料人：陶泰盛

表 5 - 202 　　　　　　　　**领料单 NO. 23**

领料单位：第二车间　　　　　　2023 年 9 月 3 日　　　　　　发料仓库：白天鹅 1 号

编号	材料名称	计量单位	数量		单位成本（元）	金额（元）
			请领	实发		
12	QQ	吨	2	2	1000	2000
用途	修理用			备注		

批料：张凯　　保管员：王帅　　记账：洪霞　　领料主管：王玉　　领料人：陶泰盛

表 5 – 203　　　　　　　　　　　　**领料单 NO. 24**

领料单位：第二车间　　　　　　2023 年 9 月 4 日　　　　　　发料仓库：白天鹅 1 号

编号	材料名称	计量单位	数量		单位成本（元）	金额（元）
			请领	实发		
13	RR	吨	3	3	800	2400
用途	修理用			备注		

批料：张凯　　保管员：王帅　　记账：洪霞　　领料主管：王玉　　领料人：陶泰盛

表 5 – 204　　　　　　　　　　　　**领料单 NO. 25**

领料单位：第一车间　　　　　　2023 年 9 月 4 日　　　　　　发料仓库：白天鹅 1 号

编号	材料名称	计量单位	数量		单位成本（元）	金额（元）
			请领	实发		
02	JJ	件	10	10	100	1000
用途	修理用			备注		

批料：张凯　　保管员：王帅　　记账：洪霞　　领料主管：王玉　　领料人：陶泰盛

表 5 – 205　　　　　　　　　　　　**领料单 NO. 26**

领料单位：第二车间　　　　　　2023 年 9 月 6 日　　　　　　发料仓库：白天鹅 1 号

编号	材料名称	计量单位	数量		单位成本（元）	金额（元）
			请领	实发		
20	HH	吨	5	5	2000	10000
用途	机物料消耗			备注		

批料：张凯　　保管员：王帅　　记账：洪霞　　领料主管：王玉　　领料人：陶泰盛

表 5 – 206　　　　　　　　　　　　**领料单 NO. 27**

领料单位：第二车间　　　　　　2023 年 9 月 6 日　　　　　　发料仓库：白天鹅 1 号

编号	材料名称	计量单位	数量		单位成本（元）	金额（元）
			请领	实发		
16	WZ	件	10	10	100	1000
用途	领用低值易耗品			备注		

批料：张凯　　保管员：王帅　　记账：洪霞　　领料主管：王玉　　领料人：陶泰盛

表 5 – 207　　　　　　　　　　　　**领料单 NO. 28**

领料单位：第一车间　　　　　　　2023 年 9 月 6 日　　　　　　发料仓库：白天鹅 1 号

编号	材料名称	计量单位	数量		单位成本（元）	金额（元）
			请领	实发		
04	LY	件	10	10	20	200
用途	修理用			备注		

批料：张凯　　保管员：王帅　　记账：洪霞　　领料主管：王玉　　领料人：陶泰盛

表 5 – 208　　　　　　　　　　　　**领料单 NO. 29**

领料单位：第二车间　　　　　　　2023 年 9 月 7 日　　　　　　发料仓库：白天鹅 1 号

编号	材料名称	计量单位	数量		单位成本（元）	金额（元）
			请领	实发		
18	GJ	件	10	10	200	2000
用途	机物料消耗			备注		

批料：张凯　　保管员：王帅　　记账：洪霞　　领料主管：王玉　　领料人：陶泰盛

表 5 – 209　　　　　　　　　　　　**领料单 NO. 30**

领料单位：厂办　　　　　　　　　2023 年 9 月 7 日　　　　　　发料仓库：白天鹅 1 号

编号	材料名称	计量单位	数量		单位成本（元）	金额（元）
			请领	实发		
14	SS	件	5	5	50	250
用途	修理用			备注		

批料：张凯　　保管员：王帅　　记账：洪霞　　领料主管：王玉　　领料人：陶泰盛

表 5 – 210　　　　　　　　　　　　**领料单 NO. 31**

领料单位：第一车间　　　　　　　2023 年 9 月 7 日　　　　　　发料仓库：白天鹅 1 号

编号	材料名称	计量单位	数量		单位成本（元）	金额（元）
			请领	实发		
07	OO	吨	1	1	300	300
用途	修理用			备注		

批料：张凯　　保管员：王帅　　记账：洪霞　　领料主管：王玉　　领料人：陶泰盛

表 5 - 211　　　　　　　　　　　　**领料单 NO. 32**

领料单位：厂办　　　　　　　2023 年 9 月 8 日　　　　　　　发料仓库：白天鹅 1 号

编号	材料名称	计量单位	数量		单位成本（元）	金额（元）
			请领	实发		
05	MM	升	10	10	60	600
用途	修理用			备注		

批料：张凯　　　保管员：王帅　　　记账：洪霞　　　领料主管：王玉　　　领料人：陶泰盛

表 5 - 212　　　　　　　　　　　　**领料单 NO. 33**

领料单位：第二车间　　　　　2023 年 9 月 8 日　　　　　　　发料仓库：白天鹅 1 号

编号	材料名称	计量单位	数量		单位成本（元）	金额（元）
			请领	实发		
17	VV	吨	2	2	3000	6000
用途	修理用			备注		

批料：张凯　　　保管员：王帅　　　记账：洪霞　　　领料主管：王玉　　　领料人：陶泰盛

表 5 - 213　　　　　　　　　　　　**领料单 NO. 34**

领料单位：第二车间　　　　　2023 年 9 月 9 日　　　　　　　发料仓库：白天鹅 1 号

编号	材料名称	计量单位	数量		单位成本（元）	金额（元）
			请领	实发		
06	NN	吨	0.7	0.7	1000	700
用途	修理用			备注		

批料：张凯　　　保管员：王帅　　　记账：洪霞　　　领料主管：王玉　　　领料人：陶泰盛

表 5 - 214　　　　　　　　　　　　**领料单 NO. 35**

领料单位：第二车间　　　　　2023 年 9 月 11 日　　　　　　发料仓库：白天鹅 1 号

编号	材料名称	计量单位	数量		单位成本（元）	金额（元）
			请领	实发		
15	QQ	吨	2	2	1000	2000
用途	修理用			备注		

批料：张凯　　　保管员：王帅　　　记账：洪霞　　　领料主管：王玉　　　领料人：陶泰盛

表 5 - 215　　　　　　　　　　　　　**领料单 NO.36**

领料单位：第一车间　　　　　　　2023 年 9 月 11 日　　　　　　　发料仓库：白天鹅 1 号

编号	材料名称	计量单位	数量		单位成本（元）	金额（元）
			请领	实发		
07	OO	吨	3	3	300	900
用途	修理用			备注		

批料：张凯　　保管员：王帅　　记账：洪霞　　领料主管：王玉　　领料人：陶泰盛

表 5 - 216　　　　　　　　　　　　　**领料单 NO.37**

领料单位：第一车间　　　　　　　2023 年 9 月 11 日　　　　　　　发料仓库：白天鹅 1 号

编号	材料名称	计量单位	数量		单位成本（元）	金额（元）
			请领	实发		
01	FF	件	15	15	80	1200
用途	机物料消耗			备注		

批料：张凯　　保管员：王帅　　记账：洪霞　　领料主管：王玉　　领料人：陶泰盛

表 5 - 217　　　　　　　　　　　　　**领料单 NO.38**

领料单位：第二车间　　　　　　　2023 年 9 月 12 日　　　　　　　发料仓库：白天鹅 1 号

编号	材料名称	计量单位	数量		单位成本（元）	金额（元）
			请领	实发		
11	WZ	件	6	6	100	600
用途	领用低值易耗品			备注		

批料：张凯　　保管员：王帅　　记账：洪霞　　领料主管：王玉　　领料人：陶泰盛

表 5 - 218　　　　　　　　　　　　　**领料单 NO.39**

领料单位：第三车间　　　　　　　2023 年 9 月 12 日　　　　　　　发料仓库：白天鹅 1 号

编号	材料名称	计量单位	数量		单位成本（元）	金额（元）
			请领	实发		
24	IU	件	6	6	800	4800
用途	机物料消耗			备注		

批料：张凯　　保管员：王帅　　记账：洪霞　　领料主管：王玉　　领料人：陶泰盛

表 5 – 219　　　　　　　　　　　**领料单 NO. 40**

领料单位：厂办　　　　　　　2023 年 9 月 13 日　　　　　　发料仓库：白天鹅 1 号

编号	材料名称	计量单位	数量		单位成本（元）	金额（元）
			请领	实发		
23	XY	件	4	4	40	160
用途	修理用			备注		

批料：张凯　　　保管员：王帅　　　记账：洪霞　　　领料主管：王玉　　　领料人：陶泰盛

表 5 – 220　　　　　　　　　　　**领料单 NO. 41**

领料单位：第二车间　　　　　　2023 年 9 月 13 日　　　　　　发料仓库：白天鹅 1 号

编号	材料名称	计量单位	数量		单位成本（元）	金额（元）
			请领	实发		
19	WQ	吨	10	10	2000	20000
用途	修理用			备注		

批料：张凯　　　保管员：王帅　　　记账：洪霞　　　领料主管：王玉　　　领料人：陶泰盛

表 5 – 221　　　　　　　　　　　**领料单 NO. 42**

领料单位：第一车间　　　　　　2023 年 9 月 13 日　　　　　　发料仓库：白天鹅 1 号

编号	材料名称	计量单位	数量		单位成本（元）	金额（元）
			请领	实发		
05	MM	升	25	25	60	1500
用途	修理用			备注		

批料：张凯　　　保管员：王帅　　　记账：洪霞　　　领料主管：王玉　　　领料人：陶泰盛

表 5 – 222　　　　　　　　　　　**领料单 NO. 43**

领料单位：第二车间　　　　　　2023 年 9 月 14 日　　　　　　发料仓库：白天鹅 1 号

编号	材料名称	计量单位	数量		单位成本（元）	金额（元）
			请领	实发		
19	VV	吨	3	3	3000	9000
用途	修理用			备注		

批料：张凯　　　保管员：王帅　　　记账：洪霞　　　领料主管：王玉　　　领料人：陶泰盛

表 5 – 223　　　　　　　　　　　　　**领料单 NO. 44**

领料单位：第一车间　　　　　　　2023 年 9 月 14 日　　　　　　　发料仓库：白天鹅 1 号

编号	材料名称	计量单位	数量		单位成本（元）	金额（元）
			请领	实发		
02	YY	吨	0.5	0.5	1000	500
用途	领用低值易耗品			备注		

批料：张凯　　　保管员：王帅　　　记账：洪霞　　　领料主管：王玉　　　领料人：陶泰盛

表 5 – 224　　　　　　　　　　　　　**领料单 NO. 45**

领料单位：第二车间　　　　　　　2023 年 9 月 15 日　　　　　　　发料仓库：白天鹅 1 号

编号	材料名称	计量单位	数量		单位成本（元）	金额（元）
			请领	实发		
14	RR	吨	3	3	800	2400
用途	修理用			备注		

批料：张凯　　　保管员：王帅　　　记账：洪霞　　　领料主管：王玉　　　领料人：陶泰盛

表 5 – 225　　　　　　　　　　　　　**领料单 NO. 46**

领料单位：第一车间　　　　　　　2023 年 9 月 15 日　　　　　　　发料仓库：白天鹅 1 号

编号	材料名称	计量单位	数量		单位成本（元）	金额（元）
			请领	实发		
06	YY	吨	0.3	0.3	1000	300
用途	领用低值易耗品			备注		

批料：张凯　　　保管员：王帅　　　记账：洪霞　　　领料主管：王玉　　　领料人：陶泰盛

表 5 – 226　　　　　　　　　　　　　**领料单 NO. 47**

领料单位：第二车间　　　　　　　2023 年 9 月 15 日　　　　　　　发料仓库：白天鹅 1 号

编号	材料名称	计量单位	数量		单位成本（元）	金额（元）
			请领	实发		
20	HH	吨	3	3	2000	6000
用途	机物料消耗			备注		

批料：张凯　　　保管员：王帅　　　记账：洪霞　　　领料主管：王玉　　　领料人：陶泰盛

表 5 - 227　　　　　　　**领料单 NO. 48**

领料单位：第二车间　　　　　　2023 年 9 月 16 日　　　　　　发料仓库：白天鹅 1 号

编号	材料名称	计量单位	数量		单位成本（元）	金额（元）
			请领	实发		
14	SS	件	32	32	50	1600
用途	修理用		备注			

批料：张凯　　　保管员：王帅　　　记账：洪霞　　　领料主管：王玉　　　领料人：陶泰盛

表 5 - 228　　　　　　　**领料单 NO. 49**

领料单位：第二车间　　　　　　2023 年 9 月 16 日　　　　　　发料仓库：白天鹅 1 号

编号	材料名称	计量单位	数量		单位成本（元）	金额（元）
			请领	实发		
18	GJ	件	20	20	200	4000
用途	机物料消耗		备注			

批料：张凯　　　保管员：王帅　　　记账：洪霞　　　领料主管：王玉　　　领料人：陶泰盛

表 5 - 229　　　　　　　**领料单 NO. 50**

领料单位：厂办　　　　　　2023 年 9 月 17 日　　　　　　发料仓库：白天鹅 1 号

编号	材料名称	计量单位	数量		单位成本（元）	金额（元）
			请领	实发		
16	TV	件	30	30	100	3000
用途	修理用		备注			

批料：张凯　　　保管员：王帅　　　记账：洪霞　　　领料主管：王玉　　　领料人：陶泰盛

表 5 - 230　　　　　　　**领料单 NO. 51**

领料单位：第一车间　　　　　　2023 年 9 月 17 日　　　　　　发料仓库：白天鹅 1 号

编号	材料名称	计量单位	数量		单位成本（元）	金额（元）
			请领	实发		
03	KK	件	30	30	50	1500
用途	修理用		备注			

批料：张凯　　　保管员：王帅　　　记账：洪霞　　　领料主管：王玉　　　领料人：陶泰盛

表 5 – 231 领料单 **NO. 52**

领料单位：第二车间　　　　　2023 年 9 月 18 日　　　　　发料仓库：白天鹅 1 号

编号	材料名称	计量单位	数量		单位成本（元）	金额（元）
			请领	实发		
16	UU	吨	0.3	0.3	2000	600
用途	修理用			备注		

批料：张凯　　保管员：王帅　　记账：洪霞　　领料主管：王玉　　领料人：陶泰盛

表 5 – 232 领料单 **NO. 53**

领料单位：第一车间　　　　　2023 年 9 月 19 日　　　　　发料仓库：白天鹅 1 号

编号	材料名称	计量单位	数量		单位成本（元）	金额（元）
			请领	实发		
04	LY	件	20	20	20	400
用途	修理用			备注		

批料：张凯　　保管员：王帅　　记账：洪霞　　领料主管：王玉　　领料人：陶泰盛

表 5 – 233 领料单 **NO. 54**

领料单位：第二车间　　　　　2023 年 9 月 21 日　　　　　发料仓库：白天鹅 1 号

编号	材料名称	计量单位	数量		单位成本（元）	金额（元）
			请领	实发		
17	QQ	吨	3	3	2000	2000
用途	修理用			备注		

批料：张凯　　保管员：王帅　　记账：洪霞　　领料主管：王玉　　领料人：陶泰盛

表 5 – 234 领料单 **NO. 55**

领料单位：第一车间　　　　　2023 年 9 月 22 日　　　　　发料仓库：白天鹅 1 号

编号	材料名称	计量单位	数量		单位成本（元）	金额（元）
			请领	实发		
07	YY	吨	0.6	0.6	1000	600
用途	领用低值易耗品			备注		

批料：张凯　　保管员：王帅　　记账：洪霞　　领料主管：王玉　　领料人：陶泰盛

表 5 – 235　　　　　　　　　　　**领料单 NO. 56**

领料单位：第二车间　　　　　　2023 年 9 月 22 日　　　　　　发料仓库：白天鹅 1 号

编号	材料名称	计量单位	数量		单位成本（元）	金额（元）
			请领	实发		
18	VV	吨	2	2	3000	6000
用途	修理用			备注		

批料：张凯　　　保管员：王帅　　　记账：洪霞　　　领料主管：王玉　　　领料人：陶泰盛

表 5 – 236　　　　　　　　　　　**领料单 NO. 57**

领料单位：第一车间　　　　　　2023 年 9 月 22 日　　　　　　发料仓库：白天鹅 1 号

编号	材料名称	计量单位	数量		单位成本（元）	金额（元）
			请领	实发		
06	NN	吨	1	1	1000	1000
用途	修理用			备注		

批料：张凯　　　保管员：王帅　　　记账：洪霞　　　领料主管：王玉　　　领料人：陶泰盛

表 5 – 237　　　　　　　　　　　**领料单 NO. 58**

领料单位：第三车间　　　　　　2023 年 9 月 23 日　　　　　　发料仓库：白天鹅 1 号

编号	材料名称	计量单位	数量		单位成本（元）	金额（元）
			请领	实发		
24	IU	件	5	5	800	4000
用途	机物料消耗			备注		

批料：张凯　　　保管员：王帅　　　记账：洪霞　　　领料主管：王玉　　　领料人：陶泰盛

表 5 – 238　　　　　　　　　　　**领料单 NO. 59**

领料单位：第一车间　　　　　　2023 年 9 月 23 日　　　　　　发料仓库：白天鹅 1 号

编号	材料名称	计量单位	数量		单位成本（元）	金额（元）
			请领	实发		
01	FF	件	10	10	80	800
用途	机物料消耗			备注		

批料：张凯　　　保管员：王帅　　　记账：洪霞　　　领料主管：王玉　　　领料人：陶泰盛

表 5 – 239   领料单 NO. 60

领料单位：第二车间   2023 年 9 月 23 日   发料仓库：白天鹅 1 号

编号	材料名称	计量单位	数量		单位成本（元）	金额（元）
			请领	实发		
13	RR	吨	4	4	800	3200
用途	修理用			备注		

批料：张凯   保管员：王帅   记账：洪霞   领料主管：王玉   领料人：陶泰盛

表 5 – 240   领料单 NO. 61

领料单位：第二车间   2023 年 9 月 24 日   发料仓库：白天鹅 1 号

编号	材料名称	计量单位	数量		单位成本（元）	金额（元）
			请领	实发		
14	WZ	件	5	5	100	500
用途	领用低值易耗品			备注		

批料：张凯   保管员：王帅   记账：洪霞   领料主管：王玉   领料人：陶泰盛

表 5 – 241   领料单 NO. 62

领料单位：厂办   2023 年 9 月 24 日   发料仓库：白天鹅 1 号

编号	材料名称	计量单位	数量		单位成本（元）	金额（元）
			请领	实发		
23	XY	件	4	4	40	160
用途	修理用			备注		

批料：张凯   保管员：王帅   记账：洪霞   领料主管：王玉   领料人：陶泰盛

表 5 – 242   领料单 NO. 63

领料单位：第二车间   2023 年 9 月 25 日   发料仓库：白天鹅 1 号

编号	材料名称	计量单位	数量		单位成本（元）	金额（元）
			请领	实发		
18	GJ	件	15	15	200	3000
用途	机物料消耗			备注		

批料：张凯   保管员：王帅   记账：洪霞   领料主管：王玉   领料人：陶泰盛

表 5 – 243　　　　　　　　　　领料单 NO. 64

领料单位：第一车间　　　　　　2023 年 9 月 25 日　　　　　　发料仓库：白天鹅 1 号

编号	材料名称	计量单位	数量		单位成本（元）	金额（元）
			请领	实发		
03	YY	吨	0.5	0.5	1000	500
用途	领用低值易耗品			备注		

批料：张凯　　　保管员：王帅　　　记账：洪霞　　　领料主管：王玉　　　领料人：陶泰盛

表 5 – 244　　　　　　　　　　领料单 NO. 65

领料单位：第二车间　　　　　　2023 年 9 月 25 日　　　　　　发料仓库：白天鹅 1 号

编号	材料名称	计量单位	数量		单位成本（元）	金额（元）
			请领	实发		
19	WQ	吨	3	3	2000	6000
用途	修理用			备注		

批料：张凯　　　保管员：王帅　　　记账：洪霞　　　领料主管：王玉　　　领料人：陶泰盛

表 5 – 245　　　　　　　　　　领料单 NO. 66

领料单位：第二车间　　　　　　2023 年 9 月 25 日　　　　　　发料仓库：白天鹅 1 号

编号	材料名称	计量单位	数量		单位成本（元）	金额（元）
			请领	实发		
18	TV	吨	15	15	100	1500
用途	修理用			备注		

批料：张凯　　　保管员：王帅　　　记账：洪霞　　　领料主管：王玉　　　领料人：陶泰盛

表 5 – 246　　　　　　　　　　领料单 NO. 67

领料单位：第一车间　　　　　　2023 年 9 月 26 日　　　　　　发料仓库：白天鹅 1 号

编号	材料名称	计量单位	数量		单位成本（元）	金额（元）
			请领	实发		
05	MM	升	30	30	60	1800
用途	修理用			备注		

批料：张凯　　　保管员：王帅　　　记账：洪霞　　　领料主管：王玉　　　领料人：陶泰盛

表 5－247　　　　　　　　　　　　　领料单 NO. 68

领料单位：第二车间　　　　　　　　2023 年 9 月 27 日　　　　　　发料仓库：白天鹅 1 号

编号	材料名称	计量单位	数量		单位成本（元）	金额（元）
			请领	实发		
20	HH	吨	2	2	2000	4000
用途	机物料消耗			备注		

批料：张凯　　　保管员：王帅　　　记账：洪霞　　　领料主管：王玉　　　领料人：陶泰盛

表 5－248　　　　　　　　　　　　　领料单 NO. 69

领料单位：第一车间　　　　　　　　2023 年 9 月 28 日　　　　　　发料仓库：白天鹅 1 号

编号	材料名称	计量单位	数量		单位成本（元）	金额（元）
			请领	实发		
04	LY	件	30	30	20	600
用途	修理用			备注		

批料：张凯　　　保管员：王帅　　　记账：洪霞　　　领料主管：王玉　　　领料人：陶泰盛

表 5－249　　　　　　　　　　　　　领料单 NO. 70

领料单位：第一车间　　　　　　　　2023 年 9 月 29 日　　　　　　发料仓库：白天鹅 1 号

编号	材料名称	计量单位	数量		单位成本（元）	金额（元）
			请领	实发		
16	UU	吨	1	1	2000	2000
用途	修理用			备注		

批料：张凯　　　保管员：王帅　　　记账：洪霞　　　领料主管：王玉　　　领料人：陶泰盛

（3）2023 年 9 月，无锡白天鹅电器公司各车间、部门发生人工费如表 5－250 所示。

除第二车间生产工人工资外，其他车间生产工人工资均为计时工资。第一车间生产工人工资在电冰箱、电冰柜两种产品之间按产品的实际工时比例分配，电冰箱产品本月实际工时为 3800 小时，电冰柜产品本月实际工时为 1200 小时。第二车间计件工资中，电冰箱产品计件工资为 59360 元，电冰柜产品计件工资为 40460 元。

表 5 – 250

人工费用统计表

2023 年 9 月 29 日　　　　　　　　　　　　　单位：元

车间部门	生产工人工资	管理人员工资
第一车间	152000	66000
第二车间	99820	42000
第三车间	78000	32000
管理部门		54000
销售部门		46000

（4）2023 年 9 月，无锡白天鹅电器公司各车间、部门外购动力情况如表 5 – 251 所示。

表 5 – 251

外购动力情况见表

2023 年 9 月 29 日　　　　　　　　　　　　　单位：度

车间部门	生产车间用电	管理部门用电
第一车间	228000	40000
第二车间	185600	32000
第三车间	32000	28000
管理部门	12000	
销售部门	8000	

第一车间、第二车间生产用电在电冰箱、电冰柜产品之间按生产工时分配，第二车间电冰箱产品实际工时为 1800 小时，第二车间电冰柜产品实际工时为 3200 小时。每度电 0.5 元。

（5）2023 年 9 月，无锡白天鹅电器公司各车间、部门固定资产折旧费用如表 5 – 252 所示。

（6）2023 年 9 月，第三车间供水 52000 立方米，其中为第一车间供水 26000 立方米，为第二车间供水 28000 立方米，为管理部门供水 6000 立方米。

（7）该公司制造费用按产品的实际工时比例在电冰箱、电冰柜两种产品之间进行分配。

表 5 −252　　　　　　　　固定资产折旧费用计算表

2023 年 9 月　　　　　　　　　　　　　　单位：元

项目	生产车间				企业管理部门	合计
	第一车间	第二车间	第三车间	小计		
折旧费用	20000	10000	10000	40000	28000	68000

（8）本月第一车间完工转入第二车间的电冰箱半成品 800 件，电冰柜半成品 450 件。月初在产品及月末在产品相关资料如表 5 −253 和表 5 −254 所示。

表 5 −253　　　　　　　　　月初在产品成本表

2023 年 9 月　　　　　　　　　　　　金额单位：元

车间	月初在产品	产量	原材料（半成品）	燃料及动力	人工费用	制造费用	合计
第一车间	电冰箱半成品	200	50400	1355	2945	2845	57545
第二车间	电冰箱产成品	400	282000	8000	14840	24240	329080
第一车间	电冰柜半成品	100	10600	2250	3750	7100	23700
第二车间	电冰柜产成品	240	76900	15800	10700	45900	149300

表 5 −254　　　　　　　　　在产品及完工产品数量表

2023 年 9 月　　　　　　　　　　　　　单位：台

车间及产品	月初在产品	本月投产	本月完工	月末在产品	完工程度（%）
第一车间电冰箱半成品	200	1000	800	400	50
第二车间电冰箱产成品	400	800	800	400	50
第一车间电冰柜半成品	100	500	450	150	50
第二车间电冰柜产成品	240	450	400	290	50

电冰箱半成品、电冰柜半成品的原材料和电冰箱成品、电冰柜成品在生产开始时是一次性投入，原材料及半成品费用按照完工和月末在产品数量比例分配，其他加工费用按完工产品数量和月末在产品约当产量的比例分配。

（9）第二车间生产的产成品中，包含的半成品成本按第一车间所生产半成品成本的结构比例进行成本还原。

三、案例式教学的组织

（一）讲授理论框架

分步法案例材料收集整理了无锡白天鹅电器公司9月的生产费用基础性资料。该公司设立第一车间生产电冰箱和电冰柜所需主要零部件压缩机，设置第二车间对半成品进行进一步加工，最终形成电冰箱和电冰柜两种产成品。根据公司管理的规定，要求学生根据这些基础性资料以生产步骤作为成本核算对象，先计算半成品成本，然后再计算出电冰箱、电冰柜两种完工产品的成本。这个案例包括了成本会计核算的全过程，从材料、人工和制造费用等要素费用的归集，从辅助生产费用和制造费用的归集，所有成本费用按照产品生产步骤来归集，生产费用在完工半成品和完工半成品之间、完工产品和在产品之间进行分配，涉及材料费用的分配、人工费用的分配以及其他相关费用的分配。该案例以生产步骤作为成本核算对象，基本涵盖了成本会计核算的全过程，是对成本会计核算分步法的一次全面体验。

分步法是按产品的生产步骤分别对不同步骤半成品进行成本归集，最终计算出完工产成品成本。采用分步法计算产品成本的一个核心问题是，上一步骤半成品如何结转到下一步骤，或者各步骤的成本如何归集到最终产成品成本中去。根据半成品成本结转方式的不同，传统分步法理论把分步法区分为逐步结转分步法和平行结转分步法。逐步结转分步法就是各步骤半成品成本随实物流转依次逐步结转，最终结转到完工产成品成本中。平行结转分步法就是各步骤只核算本步骤成本，通过计算完工产品在各步骤的份额进而得到完工产品成本。

本案例收集到的是无锡白天鹅电器公司的基础性成本资料，可以利用该案例资料进行逐步结转分步法和平行结转分步法的训练和讨论。

（二）案例资料导入

由于涉及案例材料多，涉及大量材料费用的归集与分配等基础性工作，还要根据这些材料分别按照不同方法进行核算和讨论，授课教师课前应该通过学习通等教学平台将资料推送给学生，要求学生在课前完成对案例资料核算并准备好讨论材料。授课教师要精心设计案例教学流程和环节，使学生在高效率完成和掌握逐步结转分步法核算的基本方法，并对关键环节问题进行研讨。

建议将课堂练习和讨论分为三个阶段。第一阶段，按照综合结转分步法计算产品成本，重点讨论半成品成本结转的方法；第二阶段，按照分项结转分步法计算产品成本，重点讨论半成品分项成本结转的方法；第三阶段，按照平行结转分步法计算产品成本，重点讨论完工产品在各步骤成本份额的计算方法。

课堂上，教师对案例材料的关键点做强调，比如本案例中无锡白天鹅电器公司有两个车间，分步骤生产电冰箱和电冰柜两种产品，在本案例中需要对电冰箱半成品、电冰柜半成品、电冰箱产成品、电冰柜产成品四个成本核算对象进行成本核算。

（三）案例问题引导

在本案例中，如果采用逐步结转分步法，就是要从第一步骤（第一车间）开始，先计算该步骤电冰箱和电冰柜半成品的成本，当月完成的完工半成品直接转入第二步骤（第二车间），加上第二步骤（第二车间）的加工费用，算出第二步骤（第二车间）产成品成本。如果前序步骤的半成品完工后，不是全部立即转入下一步骤（车间），而是要入库保存和周转，企业还会设立"自制半成品"等账户进行专门核算。无锡白天鹅电器公司第一车间的半成品完工后直接进入了第二车间进行加工，没有经过仓库保管和周转。

由于这种方法中，半成品成本会随着实物流转逐渐结转到下一步骤，因此，这种分步法叫逐步结转分步法。然而半成品成本结转到下一步骤的方法，又可以分为两种，一是将半成品的成本作为一个总数综合结转到下一步骤成本中；二是将半成品成本的各费用要素项目分项结转到下一步骤成本中。

在本案例中，如果采用平行结转分步法，分步骤核算成本时，只计算本步骤成本费用，最后计算各步骤成本中属于本期完工产品成本的份额，加总得到完工产品的成本。

在学生熟悉了案例材料后，教师可以针对三种不同成本计算方法提出若干问题，引导学生思考和分析。比如在本案例中，要求学生思考无锡白天鹅电器公司应该如何计算第二步骤所耗半成品的成本？如果半成品完工后转入仓库，第二车间根据生产逐渐领用，该如何组织半成品成本的核算？逐步结转成本到第二步骤，在产成品成本中包含了半成品的成本，如何结转半成品成本？是否需要分项结转？如果按照半成品综合成本结转到产成品中，如何对产成品成本构成进行科学合理的分析？半成品成本综合结转后如何还原？平行结转分步法中完工产品成本份额如何计算？等等。

（四）课堂分析讨论

一般院校的教学班人数往往都在 50 ~ 60 人，为了让每个学生都能参与到案例教学中来，可以采用小组讨论的形式，进行案例的分析和研讨。鼓励学生在讨论中提出新的问题，教师及时给予引导和解答。在小组讨论的基础上，由各组推举代表轮流发言，其他组员可以补充发言。本次案例资料进行逐步结转分步法核算过程和结果，可以参考表 5 - 255 至表 5 - 269的计算结果。

表 5 - 255　　　　　　　　　　银行存款付款凭证汇总表

2023 年 9 月　　　　　　　　　　　　　单位：元

应借科目			金额
总账科目	明细科目	成本或费用项目	
制造费用	第一车间	办公费	2000
		劳动保护费	2000
		其他	960
		小计	4960
	第二车间	办公费	1500
		劳动保护费	1500
		其他	960
		小计	3960
	第三车间	办公费	1000
		劳动保护费	1000
		其他	240
		小计	2240

应借科目			金额
总账科目	明细科目	成本或费用项目	
管理部门		办公费	2000
		差旅费	1000
		其他	1000
		小计	4000
合计			15160

表 5-256　　　　　　　　　　领料凭证汇总表

2023 年 9 月　　　　　　　　　　　　单位：元

项目		第一车间	第二车间	第三车间	管理部门	合计
原材料	AM	240000				240000
	BD	30000				30000
	JC	20000				20000
	DS	14000		4000		18000
	EP			18000		18000
	小计	304000		22000		326000
修理费	JJ	1000				1000
	KK	1500				1500
	LY	1200				1200
	MM	3300			600	3900
	NN	1000	700			1700
	OO	1200				1200
	PQ		1000			1000
	QQ		6000			6000
	RR		8000			8000
	SS		1600		250	1850
	TV		4500		3000	7500

续表

项目		第一车间	第二车间	第三车间	管理部门	合计
修理费	UU	2000	600			2600
	VV		21000			21000
	WQ		36000			36000
	XY			80	320	400
	小计	11200	79400	80	4170	94850
机物料消耗	FF	2800				2800
	GJ		9000			9000
	HH		20000			20000
	IU			12000		12000
	小计	2800	29000	12000		43800
低值易耗品	YY	2400				2400
	WZ		2100			2100
	小计	2400	2100			4500
合计		320400	110500	34080	4170	469150

表 5－257　　　　　　　　　　　材料费用分配表

2023 年 9 月　　　　　　　　　　　单位：元

应借科目			直接计入	分配计入		合计
总账科目	明细科目	成本或费用项目		定额消耗量	分配金额	
基本生产成本	电冰箱	材料费	240000	8000	12800	252800
	电冰柜	材料费	44000	4500	7200	51200
辅助生产成本		材料费	22000			22000
制造费用	第一车间	修理费	11200			11200
		机物料消耗	2800			2800
		低值易耗品	2400			2400
	第二车间	修理费	79400			79400
		机物料消耗	29000			29000
		低值易耗品	2100			2100

续表

应借科目			直接计入	分配计入		合计
总账科目	明细科目	成本或费用项目		定额消耗量	分配金额	
制造费用	第三车间	修理费	80			80
		机物料消耗	12000			12000
管理费用		修理费	4170			4170
合计			449150	—	20000	469150

表 5 – 258 　　　　　　　　　**人工费用分配表**

2023 年 9 月 　　　　　　　　　　　　　　　　单位：元

应借科目			计时工资			计件工资	应付工资
总账科目	一级明细	二级明细	生产工时	分配率	分配金额		
基本生产成本	第一车间	电冰箱	3800	0.76	115520		115520
		电冰柜	1200	0.24	36480		36480
	小计		—	—	152000		152000
	第二车间	电冰箱				59360	59360
		电冰柜				40460	40460
	小计					99820	99820
辅助生产成本	第三车间		78000				78000
制造费用	第一车间		66000				66000
	第二车间		42000				42000
	第三车间		32000				32000
	小计		140000				140000
管理费用			54000				54000
销售费用			46000				46000
合计			470000			99820	569820

表 5 - 259　　　　　　　　　　　　**电费分配表**

2023 年 9 月　　　　　　　　　　　　　　　　　　单位：元

应借科目			数量			金额 （单价 0.5 元）
总账科目	一级明细	二级明细	生产工时	分配率	度数	
基本生产成本	第一车间	电冰箱	3800	0.76	173280	86640
		电冰柜	1200	0.24	54720	27360
	小计		5000	—	228000	114000
	第二车间	电冰箱	1800	0.36	66816	33408
		电冰柜	3200	0.64	118784	59392
	小计		5000	—	185600	92800
辅助生产成本	第三车间				32000	16000
制造费用	第一车间				40000	20000
	第二车间				32000	16000
	第三车间				28000	14000
	小计				100000	50000
管理费用					12000	6000
销售费用					8000	4000
合计					565600	282800

表 5 - 260　　　　　　　　　　　**固定资产折旧费用分配表**

2023 年 9 月　　　　　　　　　　　　　　　　　　单位：元

应借科目		金额
总账科目	一级明细	
制造费用	第一车间	20000
	第二车间	10000
	第三车间	10000
	小计	40000
管理费用		28000
合计		68000

表 5 - 261 　　　　　　　　　　**辅助车间制造费用计算表**

车间名称：第三车间　　　　　　　　　2023 年 9 月　　　　　　　　　　单位：元

摘要	人工费用	机物料消耗	动力费	折旧费	修理费	劳动保护费	办公费	其他	合计
据付款凭证汇总表						1000	1000	240	2240
材料费用分配表		12000			80				12080
人工费用分配表	32000								32000
电费分配表			14000						14000
固定资产折旧费用分配表				10000					10000
合计	32000	12000	14000	10000	80	1000	1000	240	70320

表 5 - 262 　　　　　　　　　　**辅助生产成本计算表**

车间名称：第三车间　　　　　　　　　2023 年 9 月　　　　　　　　　　单位：元

摘要	原材料	燃料及动力费	人工费用	制造费用	合计
材料费用分配表	22000				22000
人工费用分配表			78000		78000
电费分配表		16000			16000
制造费用计算表				70320	70320
合计	22000	16000	78000	70320	186320

表 5 - 263 　　　　　　　　　　**辅助生产成本分配表**

　　　　　　　　　　　　　　　　　2023 年 9 月　　　　　　　　　　单位：元

项目		金额
待分配费用		186320
供应辅助生产以外的劳务数量		60000
费用分配率（单位成本）		3.1053
应借"制造费用"科目	第一车间	耗用数量　26000
		分配金额　80737.8

续表

项目			金额
应借"制造费用"科目	第二车间	耗用数量	28000
		分配金额	86948.4
应借"管理费用"科目		耗用数量	6000
		分配金额	18633.8
合计			186320

表 5 – 264　　　　　　　　　　**制造费用计算表**

车间名称：第一车间　　　　　　　2023 年 9 月　　　　　　　单位：元

摘要	人工费用	机物料消耗	动力费	折旧费	修理费	劳动保护费	办公费	低值易耗品摊销	其他	合计
据付款凭证汇总表						2000	2000		960	4960
材料费用分配表		2800			11200			2400		16400
人工费用分配表	66000									66000
电费分配表			20000							20000
固定资产折旧费用分配表				20000						20000
辅助生产成本分配表									80737.8	80737.8
合计	66000	2800	20000	20000	11200	2000	2000	2400	81697.8	208097.8

表 5 – 265　　　　　　　　　　**制造费用分配表**

车间名称：第一车间　　　　　　　2023 年 9 月　　　　　　　单位：元

应借科目			生产工时	分配率	分配金额
总账科目	一级明细	二级明细			
基本生产成本	第一车间	电冰箱产品	3800	0.76	158154.33
	第一车间	电冰柜产品	1200	0.24	49943.47
合计			5000	—	208097.8

表 5－266　　　　　　　　　　　　制造费用计算表

车间名称：第二车间　　　　　　　　　2023 年 9 月　　　　　　　　　单位：元

摘要	人工费用	机物料消耗	动力费	折旧费	修理费	劳动保护费	办公费	低值易耗品摊销	其他	合计
据付款凭证汇总表						1500	1500		960	3960
材料费用分配表		29000			79400			2100		110500
人工费用分配表	42000									42000
电费分配表			16000							16000
固定资产折旧费用分配表				10000						10000
辅助生产成本分配表									86948.4	86948.4
合计	42000	29000	16000	10000	79400	1500	1500	2100	87908.4	269408.4

表 5－267　　　　　　　　　　　　制造费用分配表

车间名称：第二车间　　　　　　　　　2023 年 9 月　　　　　　　　　单位：元

应借科目			生产工时	分配率	分配金额
总账科目	一级明细	二级明细			
基本生产成本	第二车间	电冰箱产品	1800	0.36	96987.02
	第二车间	电冰柜产品	3200	0.64	172421.38
合计			5000	—	269408.4

表 5－268　　　　　　　　　　　　产品成本计算表

第一车间：电冰箱半成品　　　　　　　2023 年 9 月　　　　　　　　　单位：元

摘要	产量	原材料	燃料及动力费	人工费用	制造费用	合计
月初在产品	200	50400	1355	2945	2845	57545
本月费用	1000	252800	86640	115520	158154.33	613114.33
合计	1200	303200	87995	118465	160999.33	670659.33
完工半成品	800	202133.33	70396	94772	128799.44	496100.77
月末在产品	400	101066.67	17599	23693	32199.89	174558.56

表 5 – 269　　　　　　　　　产品成本计算表

第一车间：电冰柜半成品　　　　　　　2023 年 9 月　　　　　　　　单位：元

摘要	产量	原材料	燃料及动力费	人工费用	制造费用	合计
月初在产品	100	10600	2250	3750	7100	23700
本月费用	500	51200	27360	36480	49943.47	164983.47
合计	600	61800	29610	40230	57043.47	188683.47
完工半成品	450	46350	25380	34482.86	48894.4	155107.26
月末在产品	150	15450	4230	5747.14	8149.07	33576.21

　　在完成了半成品成本核算后，开始进行完工产品成本的计算。半成品成本结转到第二步骤时，有两种方法：综合结转或分项结转。综合结转法就是将第一步骤半成品成本作为一个总数结转到第二步骤；而分项结转法就是将第一步骤半成品成本分别按照成本项目结转到第二步骤产成品成本计算单中。是综合结转分步法进行成本计算的相关过程和结果如表 5 – 270、表 5 – 271 所示。

表 5 – 270　　　　　　　　　产品成本计算表

第二车间：电冰箱产成品　　　　　　　2023 年 9 月　　　　　　　　单位：元

摘要	产量	半成品	燃料及动力费	人工费用	制造费用	合计
月初在产品	400	282000	8000	14840	24240	329080
本月费用	800	496100.77	33408	59360	96987.02	685855.79
合计	1200	778100.77	41408	74200	121227.02	1014935.79
完工产成品	800	518736	33128	59360	96984	708208
单位成本	—	648.42	41.41	74.2	121.23	885.26
月末在产品	400	259364.77	8280	14840	24243.02	306727.79

表5-271 　　　　　　　　　　**产品成本计算表**

第二车间：电冰柜产成品　　　　　　　2023年9月　　　　　　　　　单位：元

摘要	产量	半成品	燃料及动力费	人工费用	制造费用	合计
月初在产品	240	76900	15800	10700	45900	149300
本月费用	450	143874.4	59392	40460	172421.38	416147.78
合计	690	220774.4	75192	51160	218321.38	565447.78
完工产成品	400	127984	55188	37548	160236	380956
单位成本	—	319.96	137.97	93.87	400.59	952.39
月末在产品	290	92790.4	20004	13612	58085.38	184491.78

上述综合结转法的特点是计算结转简便易行，缺点是在完工产品成本计算单中无法看到完工产品的成本构成，也就是无法分析原材料、人工费、燃料和动力、制造费用等这些成本要素的构成情况。为了弥补这个缺陷，通常根据当月完工半成品成本构成，对完工产品中所包含半成品成本进行还原。成本还原的计算如表5-272、表5-273所示。

授课教师可以利用该案例资料组织学生按照分项结转法计算产成品成本。假定第二车间月初在产品成本情况如表5-274所示，相关的计算过程和结果如表5-275、表5-276所示。

表5-272 　　　　　　　　　　**产成品成本还原计算表**

产品名称：电冰箱　　　　　　　　　2023年9月　　　　　　　　　单位：元

项目	本月所产半成品成本	半成品成本比重	还原前产品成本	产成品成本中半成品成本还原	还原后产成品总成本
产量（件）	800	800	800	800	800
半成品			518736		
原材料	202133.33	0.4074		211333.04	211333.04
燃料及动力费	70396	0.142	33128	73660.51	106788.51
人工费用	94772	0.191	59360	99078.58	158438.58
制造费用	128799.44	0.2596	96984	134663.87	231647.87
成本合计	496100.77	1	708208	518736	708208

表 5 – 273 产成品成本还原计算表

产品名称：电冰柜 　　　　　　　　　　　2023 年 9 月 　　　　　　　　　　　单位：元

项目	本月所产半成品成本	半成品成本比重	还原前产品成本	产成品成本中半成品成本还原	还原后产成品总成本
产量（件）	450	450	400	400	400
半成品			127984		
原材料	46350	0.2988		38241.62	38241.62
燃料及动力费	25380	0.1636	55188	20938.18	76126.18
人工费用	34482.86	0.2223	37548	28450.84	65998.84
制造费用	48894.4	0.3153	160236	40353.36	200589.36
成本合计	155107.26	1	380956	127984	380956

表 5 – 274 二车间月初在产品成本表

2023 年 9 月 　　　　　　　　　　　单位：元

产品	产量	发生环节	原材料	燃料及动力	人工费用	制造费用	合计
电冰箱产成品	400	第一步骤	114886	40044	53860	73210	282000
		第二步骤	0	8000	14840	24240	47080
		小计	114886	48044	68700	97450	329080
电冰柜产成品	240	第一步骤	22980	12580	17090	24250	76900
		第二步骤	0	15800	10700	45900	72400
		小计	22980	28380	27790	70150	149300

表 5 – 275 产品成本计算表

第二车间：电冰箱产成品 　　　　　　　　2023 年 9 月 　　　　　　　　　　　单位：元

摘要	产量	原材料	燃料及动力费	人工费用	制造费用	合计
月初在产品	400	114886	48044	68700	97450	329080
本月费用	800	496100.77	33408	59360	96987.02	685855.79
合计	1200	610986.77	81452	128060	194437.02	1014935.79
完工产成品	800	407324.51	65161.6	102448	155549.62	730483.73
单位成本	—	509.15	81.45	128.06	194.44	913.1
月末在产品	400	203662.26	16290.4	25612	38887.40	284452.06

表 5 - 276 　　　　　　　　　　　**产品成本计算表**

第二车间：电冰柜产成品　　　　　　　　　2023 年 9 月　　　　　　　　　　　单位：元

摘要	产量	原材料	燃料及动力费	人工费用	制造费用	合计
月初在产品	240	22980	28380	27790	70150	149300
本月费用	450	143874.4	59392	40460	172421.38	416147.78
合计	690	166854.4	87772	68250	242571.38	565447.78
完工产成品	400	96727.19	64419.82	50091.74	178034.04	389272.79
单位成本	—	241.82	161.05	125.23	445.09	973.19
月末在产品	290	70127.21	23352.18	18158.26	64537.34	176174.99

　　如果按照平行结转分步法，无锡白天鹅电器公司第二车间（第二步骤）只需要核算本步骤发生的各项成本费用，完工产品的成本通过加总电冰箱和电冰柜在第一步骤和第二步骤中的成本份额得到。第一步骤成本计算时，需要计算狭义在产品和半成品的约当产量，进而计算其在完工产品成本中的份额。第一车间（第一步骤）月末在产品约当产量计算如表 5 - 277 所示。

表 5 - 277 　　　　　　　　**月末在产品及约当产量计算表**

单位：第一车间　　　　　　　　　　　2023 年 9 月　　　　　　　　　　　单位：元

产品	项目	产量	原材料	燃料及动力费	人工费用	制造费用
电冰箱半成品	狭义在产品	400	400	200	200	200
	半成品	400	400	400	400	400
	产成品	800	800	800	800	800
电冰柜半成品	狭义在产品	150	150	75	75	75
	半成品	290	290	290	290	290
	产成品	400	400	400	400	400

　　采用平行结转分步法计算产品成本时，只有最终完工的产品成本份额才会从第一步骤的明细账中结转到产成品成本中，因此，第一步骤的狭义在产品和未形成最终完工半成品的半成品成本均会保留在第一步骤的明细账中。在本案例材料中，无锡白天鹅电器公司生产时是一次性投料的，因此完工产品和在产品、半成品约当产量是一样的。除原材料外的其他费用，按约当产量照 50% 的完工进度进行了折算。

根据案例材料，采用平行结转分步法时，第一车间期初在产品成本包含了未形成最终完工产品的所有半成品和狭义在产品，借用之前成本还原的资料确定了月初在产品的成本项目金额，相关的计算过程和结果如表 5 – 278 至表 5 – 283 所示。

表 5 – 278 **产品成本计算表**

第一车间：电冰箱半成品　　　　　　　　2023 年 9 月　　　　　　　单位：元

摘要	产量	原材料	燃料及动力费	人工费用	制造费用	合计
月初在产品	600	165286	41399	56805	76055	339545
本月费用	1000	252800	86640	115520	158154.33	613114.33
合计	1600	418086	128039	172325	234209.33	952659.33
完工产成品	800	209043	73165.14	98471.43	133833.90	514513.47
广义在产品	800	209043	54873.86	73853.57	100375.43	438145.86

表 5 – 279 **产品成本计算表**

第一车间：电冰柜半成品　　　　　　　　2023 年 9 月　　　　　　　单位：元

摘要	产量	原材料	燃料及动力费	人工费用	制造费用	合计
月初在产品	340	33580	14830	20840	31350	100600
本月费用	500	51200	27360	36480	49943.47	164983.47
合计	840	84780	42190	57320	81293.47	265583.47
完工产成品	400	42390	22060.13	29971.24	42506.39	136927.76
广义在产品	440	42390	20129.87	27348.76	38787.089	128655.71

表 5 – 280 **月末在产品及约当产量计算表**

单位：第二车间　　　　　　　　　2023 年 9 月　　　　　　　金额单位：元

产品	项目	产量	燃料及动力费	人工费用	制造费用
电冰箱	在产品	400	200	200	200
	产成品	800	800	800	800
电冰柜	在产品	290	145	145	145
	产成品	400	400	400	400

表 5 – 281 产品成本计算表

第二车间：电冰箱产成品 2023 年 9 月 单位：元

摘要	产量	原材料	燃料及动力费	人工费用	制造费用	合计
月初在产品	400	0	8000	14840	24240	47080
本月费用	800	0	33408	59360	96987.02	189755.02
合计	1200	0	41408	74200	121227.02	236835.02
完工产成品	800	0	33128	59360	96984	189472
月末在产品	400	0	8280	14840	24243.02	47363.02

表 5 – 282 产品成本计算表

第二车间：电冰柜产成品 2023 年 9 月 单位：元

摘要	产量	原材料	燃料及动力费	人工费用	制造费用	合计
月初在产品	240	0	15800	10700	45900	72400
本月费用	450	0	59392	40460	172421.38	272273.38
合计	690	0	75192	51160	218321.38	344673.38
完工产成品	400	0	55188	37548	160236	252972
月末在产品	290	0	20004	13612	58085.38	91701.38

表 5 – 283 完工产品成本计算表

单位：第二车间 2023 年 9 月 单位：元

产品	项目	原材料	燃料及动力费	人工费用	制造费用	合计
电冰箱	步骤 1 成本	209043	73165.14	98471.43	133833.90	514513.47
	步骤 2 成本	0	33128	59360	96984	189472
	合计	209043	106293.14	157831.43	230817.9	703985.47
电冰柜	步骤 1 成本	42390	22060.13	29971.24	42506.39	136927.76
	步骤 2 成本	0	55188	37548	160236	252972
	合计	42390	77248.13	67519.24	202742.39	389899.76

（五）案例教学总结

学生讨论发言结束后，教师要对讨论发言的情况做一下总结。教师事先可以针对案例资料做一些拓展性的教学总结。比如结合该案例材料讲解以生产步骤作为成本会计核算对象带来的各步骤成本结转的问题；不同的结转方式，对成本数据核算的要求不一样，比如综合成本结转不需要将半成品成本分项结转到下一步骤，但需要通过成本还原的方法来对产成品的原始成本项目构成进行计算分析；成本还原的计算过程中，需要找到半成品成本构成比重，如何来确定这一比重，影响到成本还原的计算结果；通过该案例材料的核算比对，综合成本结转法和分项成本结转法，最终计算确定的产品成本是不一样的。这个问题可以作为本案例中重点研讨的一个问题。在平行结转分步法中，各个环节自行计算本步骤发生的成本费用，并计算分配给最终完工产品的成本份额，这个案例中要特别注意狭义在产品和广义在产品的界定，理解费用结转和实物流转不一致情况下账面成本的计算原理，对比分析逐步结转分步法与平行结转分步法的区别。尤其是要结合这个案例的计算和讨论，告诫学生成本核算方法选择的重要性，成本会计的重要性恰恰在于找到一种准确合理计算产品成本的方法。另外，教师还要对学生提出的一些例外事项进行点评总结。

第四节　分类法案例教学方法及应用

一、案例公司背景资料

腾飞运动器材公司生产足球、篮球和排球三种产品，所用原材料和工艺过程相似，因此，公司组织成本会计核算时，将它们统一合并为同一类（球类），采用分类法计算球类产品成本，进而根据三种产品成本系数分配计算每种产品成本，月末在产品按定额成本计算。

该类产品的原材料是在开工时一次性投入的，材料费用一次性计入球类产品成本，球类产品材料费用按照足球、篮球、排球三种产品的原材料费用系数进行分配；球类产品的其他加工费用按照足球、篮球、排球三种产品的工时系数进行分配。球类产品内足球、篮球、排球三种产品的原材料费用系数按原材料费用定额确定；球类产品内足球、篮球、排球三种产品之间的其他加工费用（含直接人工费和制造费用）系数按三种产品的定额工时计算确定；该公司规定排球为标准产品。

二、案例公司经济业务

（1）2023 年 11 月，腾飞运动器材公司球类产品成本资料如表 5 - 284 所示。

表 5 - 284　　　　球类产品期初在产品成本和本月生产费用

2023 年 11 月　　　　　　　　　　　　　　单位：元

项目	直接材料	直接人工	制造费用	合计
期初在产品成本	35600	18800	42000	96400
本月生产费用	56800	30600	64000	151400
生产费用合计	92400	49400	106000	247800

（2）腾飞运动器材公司球类产品的工时定额和材料消耗定额如表 5 - 285 所示。

表 5 - 285　　　　　　　　球类产品定额表

产品	工时定额（小时）	材料定额（件）
足球	16	196
篮球	14	168
排球	10	140

（3）腾飞运动器材公司球类产品在产品单位定额成本资料如表 5 - 286 所示。

表 5 - 286　　　　球类产品在产品单位定额成本　　　　单位：元

球类产品	直接材料	直接人工	制造费用	合计
足球产品	196	50	60	290
篮球产品	168	40	60	260
排球产品	140	40	50	230

（4）腾飞运动器材公司11月各产品完工产品与月末在产品的实际产量如表5-287所示。

表5-287　　　　　　　球类产品期末在产品与完工产品数量表

2023年11月　　　　　　　　　　　　单位：个

项目	足球	篮球	排球
期末在产品数量	60	40	30
本月完工产品数量	120	100	160

三、案例式教学的组织

（一）讲授理论框架

成本核算的分类法是以企业所生产产品的类别作为初期的成本计算对象，先按照产品类别归集生产费用计算出该类产品的成本，并将该类产品的成本费用在该类完工产品和在产品之间做分配，最后再按一定的标准将类成本分配至类内各种产品的一种方法。对于按类别组织生产的企业，采用分类法进行成本核算，可以大大减轻成本核算的工作量。当然，分类法不能算作是一种独立的成本计算方法，它是品种法的发展和延伸。我们在采用分类法核算产品成本时要根据各类产品生产工艺特点和管理要求，并结合品种法、分批法、分步法等基本核算方法使用。

选择分类法进行成本核算与企业生产的类型并没有直接关系，凡是产品品种多、规格多，这些产品又可以按照一定标准划分为若干类别的企业或车间，均可以采用分类法对产品成本进行核算。例如，服装厂生产的各种款式、型号上衣，车辆厂生产的各种规格和型号的自行车等。

企业选择分类法计算产品成本，首先，需要根据产品所用原材料和生产工艺、技术过程的不同，将各种产品划分为若干类别，同时按照产品的类别开立该类产品成本明细账；其次，企业日常核算中按类归集类内产品的生产费用，计算各类产品的总体成本；最后，选择合理的分配标准，分别将归集的每类产品的成本，在类内的各种产品之间进行分配，计算出每类产品内各种产品的成本。

（二）案例资料导入

案例资料一般通过学习通等教学平台提前推送给学生，要求学生在课前对案例资料有一个概括的了解。课堂上，教师对案例材料的关键点做强调，比如本案例中腾飞运动器材公司生产足球、篮球和排球三种产品，按类别计算出成本后，材料费用按照足球、篮球、排球三种产品的原材料费用系数进行分配；其他加工费用按照足球、篮球、排球三种产品的工时系数进行分配。

（三）案例问题引导

在学生熟悉了案例材料后，教师可以提出若干问题，引导学生思考和分析。比如在本案例中，要求学生思考腾飞运动器材公司应该如何确定成本核算对象？标准产品产量的经济含义是什么？为什么在这个案例中在产品可以按照定额成本计算？期末在产品成本的计算还可以采用什么样的方法？除了按照一定的系数，将足球和篮球折算成标准产量进行产品成本的分解外，还可以用哪些方法将类内产品成本分解到各种产品中去？等等。

（四）课堂分析讨论

由于分类法案例资料涉及工作量不大，为了让每个学生都能参与到案例教学中来，可以先采用小组集体计算和集体讨论的形式，进行案例的分析和研讨。鼓励学生在讨论中提出新的问题，教师及时给予引导和解答。在小组讨论的基础上，由各组推举代表轮流发言，其他组员可以补充发言。该案例资料成本计算的过程及结果如表5-288至表5-292所示。

表5-288　　　　　　　　　球类产品月末在产品定额成本　　　　　　单位：元

球类产品	在产品数量	直接材料	直接人工	制造费用	合计
足球产品	60	11760	3000	3600	18360
篮球产品	40	6720	1600	2400	10720
排球产品	30	4200	1200	1500	6900
合计	—	22680	5800	7500	35980

表 5－289 球类产品成本计算单

产品：球类产品 　　　　　　2023 年 11 月 　　　　　　单位：元

2023 年		摘要	直接材料	直接工资	制造费用	合计
月	日					
10	31	期初在产品成本	35600	18800	42000	96400
11	30	本月发生的生产费用	56800	30600	64000	151400
	30	生产费用合计	92400	49400	106000	247800
	30	本月完工球类产品成本	69720	43600	98500	211820
	30	期末球类在产品成本	22680	5800	7500	35980

表 5－290 各种产品系数计算单

产品：球类产品 　　　　　　2023 年 11 月 　　　　　　金额单位：元

产品名称		加工费用系数		直接材料系数	
		单位产品工时定额	人工和制造费用系数	单位产品材料定额	直接材料费用系数
球类产品	足球产品	16	1.6	196	1.4
	篮球产品	14	1.4	168	1.2
	排球产品	10	1	140	1

表 5－291 各种产品成本费用总系数计算单

产品：球类产品 　　　　　　2023 年 11 月 　　　　　　金额单位：元

项目	产量	直接材料费用系数	直接材料费用总系数	人工和制造费用系数	人工和制造费用总系数
足球	120	1.4	168	1.6	192
篮球	100	1.2	120	1.4	140
排球	160	1	160	1	160
合计	—	—	448	—	492

表 5 – 292　　　　　　　　　各种产品成本计算单

产品：球类产品　　　　　　　2023 年 11 月　　　　　　　金额单位：元

项目	直接材料费用总系数	直接材料	人工和制造费用系数	直接人工	制造费用	合计
合计	448	69720	492	43600	98500	211820
分配率	—	155.625	—	88.6179	200.2033	—
足球	168	26145	192	17014.63	38439.01	81598.64
篮球	120	18675	140	12406.51	28028.46	59109.97
排球	160	24900	160	14178.86	32032.53	71111.39

（五）案例教学总结

学生讨论发言结束后，教师要对讨论发言的情况做一下总结。教师事先可以针对案例资料做一些拓展性的教学总结。比如结合该案例材料讲解分类法本质上还是品种法，可以把类别看作是一个"大品种"，甚至也可以把类别看作是一个"大订单"。因此，分类法核算的关键在于如何将类内产品成本在产品之间进行分配。腾飞运动器材公司根据材料消耗定额和工时定额对足球、篮球和排球三种产品实际产量进行了标准化处理，然后将类内成本进行了分配。按照该案例材料的数据，也可以按照定额成本比例进行成本费用的分配。另外，教师还要对学生提出的一些例外事项进行点评总结。

第五节　定额法案例教学方法及应用

一、案例公司背景资料

朝阳游乐设备制造公司主要生产游戏机，该产品由游戏手柄和游戏主机两个零部件组装而成。由于具有多年组装生产经验，已经形成了稳定的生产工艺，并且具有健全的定额管理制度，定额基础资料详细务实，定额管理工作扎实有效。为了提高企业成本管理水平，企业将定额管理的思想广泛地用于了产品成本管理，以多年来形成的零部件消耗定额为基础制定了产品定额成本。

在定额法核算产品成本的背景下，一方面核算产品的定额成本，另一方面通过对脱离实际成本的差异进行核算，获取产品实际成本的信息。也就是说，定额法下实际成本的计算就是在定额成本基础上加减定额差异、定额变动差异和材料成本差异进而获得产品实际成本的信息。因此，朝阳游乐设备制造公司的生产成本明细账中，除了设置基本的材料费、人工费、制造费用等成本项目外，还设置了定额成本、定额差异、定额变动差异、材料成本差异等项目。

二、案例公司经济业务

朝阳游乐设备制造公司生产游戏机所需用材料在生产开始时一次性投入，在产品加工程度为50%。从2023年11月1日起公司修订了材料的消耗定额，由原来的每台游戏机耗材430元调整为每台耗材420元。本月产品生产过程中发生实际生产工时11000小时，定额生产工时10000小时；本月实际发生人工费用50600元，实际发生制造费用34100元。本月材料成本差异分摊率为-2%，脱离定额造成的差异按定额成本比例在完工产成品和月末在产品之间分配，材料成本差异和定额变动造成的差异全部由完工产成品负担。其他相关资料如表5-293至表5-298所示。

表5-293　　　　　　　　单位产品原材料定额成本表

产品名称：游戏机　　　　　　　2023年11月　　　　　　　单位：元

工序	产品或零部件	原材料定额			
		消耗材料名称	消耗定额（千克）	计划单价	金额
一	游戏主机	XS材料	6	30	180
二	游戏手柄	YT材料	5	40	200
三	游戏机组装	辅助材料	4	10	40
合计					420

表 5 - 294　　　　　　　　　　**单位产品加工费用定额成本表**

产品名称：游戏机　　　　　　　　　2023 年 11 月　　　　　　　　　单位：元

产品或零部件	工时定额（小时）	直接人工		制造费用	
		计划小时工资率	金额	计划小时费用率	金额
游戏主机	10	4.5	45	3	30
游戏手柄	8	4.5	36	3	24
游戏机组装	2	4.5	9	3	6
合计	20	—	90	—	60

表 5 - 295　　　　　　　　　　**单位产品定额成本表**

产品名称：游戏机　　　　　　　　　2023 年 11 月　　　　　　　　　单位：元

产品或零部件	直接材料	直接人工	制造费用	合计
游戏主机	180	45	30	255
游戏手柄	200	36	24	260
游戏机组装	40	9	6	55
合计	420	90	60	570

表 5 - 296　　　　　　　　　　**产量记录**

产品名称：游戏机　　　　　　　　　2023 年 11 月　　　　　　　　　单位：台

产品名称	月初在产品	本月新增	本月完工产品	月末在产品
游戏机	20	505	495	30

表 5 - 297　　　　　　　　　　**月初在产品成本资料**

产品名称：游戏机　　　　　　　　　2023 年 11 月　　　　　　　　　单位：元

成本项目	月初在产品		定额变动差异
	定额成本	脱离定额差异	
直接材料	8600	50	-200
直接人工	900	30	
制造费用	600	20	
合计	10100	100	-200

表 5 – 298　　　　　　　　　　材料耗用量记录

产品名称：游戏机　　　　　　　2023 年 11 月　　　　　　　单位：千克

材料名称	XS 材料	YT 材料	辅助材料
实际耗用量	3050	2550	2050

三、案例式教学的组织

（一）讲授理论框架

定额法是在产品成本计算过程中，将各项生产费用先按照消耗或费用定额计算进行归集和分配，同时反映各项费用定额或定额成本与实际成本的差异，通过脱离定额差异的核算将产品定额成本还原为实际成本。定额法核算产品成本会同时得到产品的定额成本和实际成本，并能及时揭示成本费用差异，提供有关产品生产过程中成本动态信息，从而实现对生产成本费用的日常核算和监督。企业对脱离定额的差异进行计算和原因分析，有助于提升成本控制的水平。

采用定额法核算产品成本，要求企业产品生产已经成熟，比如产品种类稳定，定额基础管理工作扎实，日常生产经营活动程序健全，原始记录比较完整。定额法也不是一种独立的成本计算方法，企业采用定额法也会根据本身生产经营特点与品种法、分步法、分批法等相结合使用。采用定额法计算产品成本，必须事前制定产品的消耗定额、费用定额。

授课教师在讲解定额法核算原理与方法的基础上，介绍企业采用定额法核算的前提条件。在具体成本会计核算时，要将符合定额的成本费用和发生的差异分别核算反映；月末，在产品定额成本的基础上，加减各种成本差异，计算得出本期产品的实际成本，并为企业管理层进行成本考核和控制提供数据。

（二）案例资料导入

案例资料可以通过学习通等教学平台提前推送给学生，要求学生在课前对案例资料有一个概括的了解。课堂上，教师对案例材料的关键点做强调，比如本案例中朝阳游乐设备制造公司生产游戏机产品多年，形成了稳定成熟的定额管理制度，成本会计核算方面采用定额法，对产品定额成本、脱离定额成本差异进行核算，为企业成本控制奠定基础。

（三）案例问题引导

在学生熟悉了案例材料后，教师可以提出若干问题，引导学生思考和分析。比如在本案例中，要求学生思考朝阳游乐设备制造公司以游戏机作为成本核算对象属于按照品种法核算产品成本，为什么又叫定额法核算？脱离定额成本差异的计算中如何处理材料计划成本核算与实际成本之间的差异？采用定额法核算，生产成本明细账需要设置哪些成本项目或专栏？如果需要核算游戏机主机、游戏机手柄的成本，应该如何组织会计核算？等等。

（四）课堂分析讨论

由于朝阳游乐设备制造公司定额法案例资料不算复杂，为了让每个学生都能参与到案例教学中来，可以先采用小组集体计算和集体讨论的形式，进行案例的分析和研讨。鼓励学生在讨论中提出新的问题，教师及时给予引导和解答。在小组讨论的基础上，由各组推举代表轮流发言，其他组员可以补充发言。该案例资料成本计算的过程如下所示：

材料费用本月投产量 = 期末在产品数量 × 完工进度 + 本期完工产品产量 - 期初在产品数量 × 完工进度 = 30 × 100% + 495 - 20 × 100% = 505（件）

人工费和制造费用本月投产量 = 期末在产品数量 × 完工进度 + 本期完工产品产量 - 期初在产品数量 × 完工进度 = 30 × 50% + 495 - 20 × 50% = 500（件）

计算结果如表 5 - 299 至表 5 - 304 所示。

表 5 - 299　　　　原材料定额成本和脱离定额差异计算表

产品名称：游戏机　　　　　　　　2023 年 11 月　　　　　　　投产量：505 件

材料名称	消耗定额	计划单价	定额成本		计划价格费用		脱离定额差异	
			定额消耗量	金额（元）	实际消耗量	金额（元）	消耗量差异	费用差异（元）
XS 材料	6	30	3030	90900	3050	91500	20	600
YT 材料	5	40	2525	101000	2550	102000	25	1000
辅助材料	4	10	2020	20200	2050	20500	30	300
合计	—	—	—	212100	—	214000	—	1900

表 5 – 300　　　　　　　　　**定额人工成本和脱离定额差异汇总表**

产品名称：游戏机　　　　　　　2023 年 11 月　　　　　　　投产量：500 件

定额人工成本			实际人工成本			脱离定额差异（元）
定额生产工时	计划小时工资率	金额合计（元）	实际生产工时	实际生产工资率	金额合计（元）	
10000	4.5	45000	11000	4.6	50600	5600

表 5 – 301　　　　　　　　　**定额制造费用和脱离定额差异汇总表**

产品名称：游戏机　　　　　　　2023 年 11 月　　　　　　　投产量：500 件

定额制造费用			实际制造费用			脱离定额差异（元）
定额生产工时	计划小时费用率	金额合计（元）	实际生产工时	实际工时费用率	金额合计（元）	
10000	3	30000	11000	3.1	34100	4100

表 5 – 302　　　　　　　　　**完工产品定额成本资料**

产品名称：游戏机　　　　　　　2023 年 11 月　　　　　　　单位：元

项目	直接材料	直接人工	制造费用	合计
成本定额	420	90	60	570
完工产品产量	495	495	495	495
定额成本	207900	44550	29700	282150

表 5 – 303　　　　　　　　　**月末在产品定额成本资料**

产品名称：游戏机　　　　　　　2023 年 11 月　　　　　　　单位：元

项目	直接材料	直接人工	制造费用	合计
成本定额	420	90	60	570
完工程度	100%	50%	50%	—
在产品产量	30	30	30	30
定额成本	12600	1350	900	14850

表 5 – 304　　　　　　　　产品成本计算单

2023 年 11 月　　　　　　　　　　　单位：元

项目		直接材料	直接人工	制造费用	合计
月初在产品	定额成本	8600	900	600	10100
	脱离定额差异	50	30	20	100
	定额变动差异	– 200			– 200
	材料成本差异	– 169			– 169
本月生产费用	定额成本	212100	45000	30000	287100
	脱离定额差异	1900	5600	4100	11600
	材料成本差异	– 4280			– 4280
生产费用合计	定额成本	220700	45900	30600	297200
	脱离定额差异	1950	5630	4120	11700
	定额变动差异	– 200	0	0	– 200
	材料成本差异	– 4449	0	0	– 4449
差异分配率	脱离定额差异	0. 0088	0. 1227	0. 13467	—
本月产成品	定额成本	207900	44550	29700	282150
	脱离定额差异	1838. 57	5464. 41	3998. 82	11301. 8
	材料成本差异	– 4449	0	0	– 4449
	定额变动差异	– 200	0	0	– 200
	实际成本	205089. 57	50014. 41	33698. 82	288802. 8
月末在产品	定额成本	12600	1350	900	14850
	脱离定额差异	111. 43	165. 59	121. 18	398. 2

（五）案例教学总结

学生讨论发言结束后，教师要对讨论发言的情况做一下总结。教师事先可以针对案例资料做一些拓展性的教学总结。比如结合该案例材料讲解定额法要求企业具有完善的定额管理基础。定额法核算的关键在于如何反映实际成本脱离定额成本的情况。朝阳游乐设备制造公司根据材料消耗定额和工时定额计算确定了完工产品和在产品的定额成本，同时计算反映了其脱离了定额成本的差异。在本案例中，对于产品投产量的计算，是一个难点问题，要结合完工进度计算原理以及定额成本计算原理给学生做详细的解释。另外，教师还要对学生提出的一些例外事项进行点评总结。

第 六 章

成本会计核算综合
案例教学研究

在分阶段、分内容组织成本会计教学之后，可以安排一些综合案例锻炼学生对成本会计基本核算技能的综合运用。

在实际工作中，由于企业生产经营范围不同，产品生产情况千差万别，面临的环境复杂多样，企业对生产经营的管理也存在很大的差异。一个企业应该采用什么方法来核算产品成本，一定要根据企业生产经营特点以及企业对管理的要求来确定。在确定产品成本核算方法时，不仅要注意会计制度或准则对成本会计核算的要求，还要结合企业业务流程、计划预算口径的情况；既要突出本企业生产经营和管理的特殊性，又要注意行业惯例，保持与其他企业的成本核算方法的一致性并保持相对稳定，确保会计信息的可比性。

成本报表是企业以成本会计核算资料以及其他有关资料为基础编制，用以反映企业生产经营过程中资金耗费、产品成本费用构成及其增减变化的一系列报表。根据《企业财务会计报告条例》和《企业会计准则》的规定，在企业会计报告体系中，成本报表并不是法定对外报送的会计报告，但作为企业内部会计报表，是企业管理层经营决策不可或缺的会计信息。

成本报表作为企业的内部报表，由于不同行业企业生产经营各具特色、成本管理方法各有不同，用到的成本报表种类和格式往往有一定差别。比如，除了常见的"管理费用明细表""销售费用明细表""财务费用明细表"外，工业企业通常编制的成本报表还有"产品生产成本表""主要产品单位成本报表""制造费用明细表"等；建筑施工企业通常编制还有"工程施工成本表""竣工成本决算表"等；房地产开发企业通常编制还有"在建开发产品成本表""已完开发产品成本表"等；农业企业通常会编制"农业（工业）主要成本表"等。

产品成本分析主要采用比较分析法，也就是利用已经取得的成本会计数据以及其他有关资料，与选定的成本标准进行比较分析。对于企业来说，到底选择哪些标杆作为比较标准，需要根据自身掌握的各类信息情况和管理的要求来决定。成本分析中，常见的对比标准有目标成本（责任成本、预算成本或计划成本）、上年同期实际成本、本企业历史先进成本水平、同行先进企业成本水平或行业平均成本水平等。通过比较分析，企业可以确定超支或节约差异，进而分析差异形成的原因，完成成本绩效的考核，寻求降低成本的对策。

本章的案例教学建议安排 4 课时。

第一节　成本会计核算综合案例教学方法及应用

一、案例公司背景资料

光明家具有限公司是一家在专门从事欧式家具生产和销售的企业，属于增值税一般纳税人。该公司主要生产甲、乙两种款式的欧式家具，设有三个基本生产车间和两个辅助生产车间，基本生产车间包括锯料加工车间、白坯家具车间和油漆车间，辅助生产车间包括修理车间和运输车间。

该公司家具生产过程中所耗用的圆木、胶合板等原材料都是直接从市场采购而来。圆木采购回来后先交给第一车间（锯料加工车间）进行加工处理，进而形成甲、乙两款家具生产所需要的各种规格的方料；第二车间（白坯家具车间）通过精密机床设备对方料进行加工，初步形成白坯家具；最后由第三车间（油漆车间）进行油漆加工，形成两款欧式家具。第一车间（锯料加工车间）、第二车间（白坯家具车间）均在投产时一次性投料，油漆车间为家具喷涂的油漆是随着喷涂加工进度逐渐投入的。

公司对固定资产采用分类折旧率计提折旧额，其中房屋建筑物的月折旧率为 0.3%，机器设备的折旧率为 0.7%。

公司采用逐步结转分步法计算产品成本。第一车间（锯料加工车间）

分别对两种家具所用方料进行成本核算，期末采用约当产量法在方料在产品和方料完工半成品之间进行成本费用的分配。第一车间（锯料加工车间）完工半成品采用综合结转分步法全部结转转入第二车间（白坯家具车间）。期末，第二车间（白坯家具车间）也按约当产量法将当月归集的生产费用在完工半成品和在产品之间进行分配。第二车间（白坯家具车间）生产的完工半成品采用综合结转分步法全部转入第三车间（油漆车间）。

期末，第三车间可先求出在产品约当产量，再据以在完工产品和在产品之间分配当期生产费用。考虑到第一车间、第二车间生产的半成品均不对外销售，因此，公司不对半成品成本进行成本还原。

2023 年 12 月 1 日相关总账余额及有关明细资料如表 6-1 所示。

表 6-1　　　　　　生产成本及有关明细账期初余额表

2023 年 12 月 1 日　　　　　　　　单位：元

编号	总分类账户	总账余额	账户名称	余额
5001	生产成本	570370	第一车间：	
			甲家具方料	
			直接材料	26060
			燃料及动力	2700
			直接工资	25360
			制造费用	25500
			乙家具方料	
			直接材料	27000
			燃料及动力	2100
			直接工资	24280
			制造费用	22450
			第二车间：	
			甲白坯家具	
			半成品	29500

编号	总分类账户	总账余额	账户名称	余额
5001	生产成本	570370	直接材料	12100
			燃料及动力	2200
			直接工资	26200
			制造费用	19800
			乙白坯家具	
			半成品	29800
			直接材料	12100
			燃料及动力	2100
			直接工资	21900
			制造费用	21660
			第三车间：	
			半成品甲组合家具	32000
			直接材料	38920
			燃料及动力	2800
			直接工资	22350
			制造费用	20758
			半成品乙组合家具	32500
			直接材料	42290
			燃料及动力	3100
			直接工资	21470
			制造费用	21372

二、案例公司经济业务

光明家具有限公司 2023 年 12 月发生如下经济业务：

（1）一般性消耗支出汇总如表 6 - 2 所示。

表 6 - 2　　　　　　　　　　一般性费用消耗支出汇总表

2023 年 12 月　　　　　　　　　　　单位：元

部门	办公费	劳动保护费	其他	合计
第一车间	3200	2880	2400	8480
第二车间	5600	3210	3600	12410
第三车间	3150	3980	5360	12490
修理车间	2200	3200	6300	11700
运输车间	2350	3400	51000	56750
管理部门	9800	1900	9680	21380

（2）各单位领料情况汇总表如表 6 - 3 所示。

表 6 - 3　　　　　　　　　　　领料凭证汇总表

2023 年 12 月　　　　　　　　　　　单位：元

项目	圆木	胶合板	油漆	油料	辅助材料
甲家具方料成本	168340				
乙家具方料成本	179860				
甲白坯家具成本		110400			
乙白坯家具成本		122000			
甲组合家具成本			89000		
乙组合家具成本			85000		
运输车间成本				38900	
修理车间成本					6900

（3）光明家具有限公司 12 月工资结算汇总表如表 6 - 4 所示。

（4）按规定提取本月固定资产折旧费，如表 6 - 5 所示。

（5）本月发生电费 129480 元，水费 9004 元，各车间部门耗用情况如表 6 - 6 和表 6 - 7 所示。

表6-4   工资结算汇总表

2023 年 12 月   单位：元

车间部门		标准工资	奖金	津贴	副食补贴	夜班津贴	应付工资
第一车间	生产工人	161200	48000	7200	9600	8000	234000
	管理工人	33000	9600	1800	2400	0	46800
第二车间	生产工人	396000	144000	21600	28800	12000	602400
	管理工人	42400	12800	2400	3200	0	60800
第三车间	生产工人	310000	105000	15000	20000	10000	460000
	管理工人	52000	16000	3000	4000	0	75000
修理车间		117000	46800	7800	10400	1600	183600
运输车间		214200	71400	10200	13600	3600	313000
企业管理人员		380800	105600	17400	23200	0	527000
合计		1706600	559200	86400	115200	35200	2502600

表6-5   固定资产折旧计算表

2023 年 12 月   单位：元

使用部门及类别		固定资产原值	折旧率（%）	计提折旧
第一车间	房屋建筑物	2000000	0.30	6000
	机器设备	3600000	0.70	25200
	小计	5600000	——	31200
第二车间	房屋建筑物	2400000	0.30	7200
	机器设备	4440000	0.70	31080
	小计	6840000	——	38280
第三车间	房屋建筑物	1800000	0.30	5400
	机器设备	2200000	0.70	15400
	小计	4000000	——	20800
修理车间	房屋建筑物	500000	0.30	1500
运输车间	机器设备	600000	0.70	4200
企业管理部门	房屋建筑物	4560000	0.30	13680
合计		22100000	——	109660

表 6 - 6　　　　　　　　　　　　**各单位用电情况表**

2023 年 12 月

有关会计科目	耗电度数
生产成本——第一车间	
甲方料	44400
乙方料	50600
生产成本——第二车间	
甲白坯	20400
乙白坯	24400
生产成本——第三车间	
甲组合家具	12000
乙组合家具	12000
制造费用——第一车间	9600
第二车间	8000
第三车间	8400
生产成本——修理车间	8000
——运输车间	4000
管理费用	14000
合计	215800

表 6 - 7　　　　　　　　　　　　**各单位自来水耗用情况表**

2023 年 12 月

有关会计科目	耗用水量（立方米）	备注
制造费用——第一车间	4820	一般耗用
制造费用——第二车间	6400	一般耗用
制造费用——第三车间	4870	一般耗用
生产成本——修理车间	1160	一般耗用
生产成本——运输车间	1680	一般耗用
管理费用	3580	一般耗用
合计	22510	—

（6）辅助生产费用的分配按直接分配法，修理车间按各车间单位耗用修理工时分配，运输车间按各车间单位行驶总公里分配。修理工时及运输行驶里程资料如表6-8所示。

表6-8　　　　　　　　　修理工时及运输里程统计表

2023年12月

单位	第一车间	第二车间	第三车间	运输车间	管理部门	合计
耗用工时	480	960	420	320	280	2460
运输公里	2400	860	1660	240	2100	7260

（7）制造费用在各车间按实际生产工时数在所属各产品之间进行分配。本月产量及工时记录如表6-9所示。

表6-9　　　　　　　　　产量及工时记录资料

2023年12月

项目		第一车间		第二车间		第三车间	
		甲方料	乙方料	甲白坯	乙白坯	甲组合家具	乙组合家具
生产工时（小时）		6432	4768	7228	5472	4800	4000
产量记录	期初	8	6	10	8	12	10
	本月投入	170	120	160	120	164	124
	本月完工	160	120	164	124	172	128
	期末在产品	18	6	6	4	4	6
	完工程度（％）	50	50	60	60	80	80

三、案例式教学的组织

（一）讲授理论框架

本案例资料是光明家具有限公司2023年12月生产费用支出的有关资料，锻炼学生综合运用成本会计核算的原理和方法。通过这个案例资料，可以让学生进行一次仿真的、全过程的工业企业成本核算。

要求学生先对光明家具公司整体成本会计核算流程进行设计，其中涉及的主要问题包括成本会计核算对象的确定，要考虑该公司分步生产两个系列产品的特征；除了按照每步骤不同产品品种设置成本核算对象相应设置基本生产成本明细账外，应该按照三个基本生产车间分别设置制造费用明细账，对于运输车间和修理车间设置辅助生产成本明细账，而对辅助生产车间不再设置制造费用明细核算；学生还要设计好辅助生产费用和制造费用分配的标准和方法。

通过该案例成本会计核算的过程，可以全面检验学生对本课程前述相关内容的掌握程度，可以作为课程考核的一个重要内容。

（二）案例资料导入

案例资料可以通过学习通等教学平台提前推送给学生，要求学生在课前对案例资料有一个概括的了解。课堂上，教师对案例材料的关键点做强调，比如本案例中光明家具公司分步骤生产两种欧式家具，这是采用分步法核算产品成本的典型特征；采用分步法核算时，第一步骤生产的半成品转入第二步骤、第二步骤的半成品转入第三步骤时，半成品成本如何结转是公司成本核算要做出的重要选择；系列产品生产中成本核算过程中辅助生产费用的归集和分配、制造费用的归集和分配是一个重要环节。

（三）案例问题引导

在学生熟悉了案例材料后，教师可以提出若干问题，引导学生思考和分析。比如在本案例中，要求学生思考光明家具公司以甲乙两个系列家具产品作为成本会计核算对象，分阶段分步骤核算半成品的做法，体会品种法是成本会计核算的基本方法；如果企业是按照订单组织客户特殊需求的家具产品，如何设计公司的产品成本核算流程？本案例资料中，材料费用平时是按照产品生产领用情况直接计入了相应产品成本，如果车间生产中无法区分产品领用情况，材料费用如何进行分配？等等。

（四）课堂分析讨论

由于光明家具公司案例资料较多，为了让每个学生都能参与到案例教学中来，可以要求学生课前先完成有关产品成本的核算。课堂上可以采用小组集体讨论的形式，进行案例的分析和研讨。鼓励学生在讨论中提出新的问题，教师及时给予引导和解答。在小组讨论的基础上，由各组推举代表轮流发言，其他组员可以补充发言。该案例资料成本计算的过程及结果如表6-10至表6-25所示。

表6-10　　　　　　　　**人工费用分配计算表**

2023年12月

有关成本明细项目	工时	应分配的工资薪金（元）
基本生产成本（第一车间）	11200	161200
基本生产成本（甲方料）	6432	92575
基本生产成本（乙方料）	4768	68625
基本生产成本（第二车间）	12700	396000
基本生产成本（甲白坯）	7228	225377
基本生产成本（乙白坯）	5472	170623
基本生产成本（第三车间）	8800	310000
基本生产成本（甲家具）	4800	169091
基本生产成本（乙家具）	4000	140909
第一车间制造费用	—	33000
第二车间制造费用	—	42400
第三车间制造费用	—	52000
修理车间	—	117000
运输车间	—	214200
管理费用	—	380800

表6-11　　　　　　　　**电费分配表**

2023年12月

有关会计科目	耗电度数	金额（元）
生产成本——第一车间		
甲方料	44400	26640
乙方料	50600	30360

续表

有关会计科目	耗电度数	金额（元）
生产成本——第二车间		
甲白坯	20400	12240
乙白坯	24400	14640
生产成本——第三车间		
甲组合家具	12000	7200
乙组合家具	12000	7200
制造费用——第一车间	9600	5760
第二车间	8000	4800
第三车间	8400	5040
生产成本——修理车间	8000	4800
——运输车间	4000	2400
管理费用	14000	8400
合计	215800	129480

表 6 – 12　　　　　　　　　　**水费分配表**

2023 年 12 月

有关会计科目	耗用水量（立方米）	金额（元）
制造费用——第一车间	4820	1928
制造费用——第二车间	6400	2560
制造费用——第三车间	4870	1948
生产成本——修理车间	1160	464
生产成本——运输车间	1680	672
管理费用	3580	1432
合计	202510	9004

表 6 – 13　　　　　　　　　　　　　辅助生产成本计算表

车间名称：修理车间　　　　　　　　2023 年 12 月　　　　　　　　单位：元

摘要	原材料	人工费用	制造费用	合计
根据表 6 – 2			11700	11700
根据表 6 – 3	6900			6900
根据表 6 – 4		183600		183600
根据表 6 – 5			1500	1500
根据表 6 – 11			4800	4800
根据表 6 – 12			464	464
合计	6900	183600	18464	208964

表 6 – 14　　　　　　　　　　　　　辅助生产成本计算表

车间名称：运输车间　　　　　　　　2023 年 12 月　　　　　　　　单位：元

摘要	原材料	人工费用	制造费用	合计
根据表 6 – 2			56750	56750
根据表 6 – 3	38900			38900
根据表 6 – 4		313000		313000
根据表 6 – 5			4200	4200
根据表 6 – 11			2400	2400
根据表 6 – 12			672	672
合计	38900	313000	64022	415922

表 6 – 15　　　　　　　　辅助生产费用分配表（直接分配法）

2023 年 12 月　　　　　　　　单位：元

辅助生产车间名称			修理车间	运输车间	合计
待分配费用			208964	415922	
对外供应服务数量			2140	7020	—
费用分配率（单位成本）			97.6467	59.2482	—
基本生产车间	第一车间	耗用数量	480	2400	—
		分配金额	46870	142196	189066

续表

辅助生产车间名称			修理车间	运输车间	合计
基本生产车间	第二车间	耗用数量	960	860	—
		分配金额	93741	50953	144694
	第三车间	耗用数量	420	1660	—
		分配金额	41012	98352	139364
	金额小计		181623	291501	473124
管理部门		耗用数量	280	2100	—
		分配金额	27341	124421	151762
合计			208964	415922	624886

表 6 – 16 　　　　　　　　　　 **制造费用计算表**

车间名称：第一车间 　　　　　　　 2023 年 12 月 　　　　　　　　单位：元

摘要	人工费用	水电费	折旧费	劳动保护费	办公费	其他	合计
根据表 6 – 2				2880	3200	2400	8480
根据表 6 – 3							
根据表 6 – 4	46800						46800
根据表 6 – 5			31200				31200
根据表 6 – 11		5760					5760
根据表 6 – 12		1928					1928
根据表 6 – 15						189066	189066
合计	46800	7688	31200	2880	3200	191466	283234

表 6 – 17 　　　　　　　　　　 **制造费用计算表**

车间名称：第二车间 　　　　　　　 2023 年 12 月 　　　　　　　　单位：元

摘要	人工费用	水电费	折旧费	劳动保护费	办公费	其他	合计
根据表 6 – 2				3210	5600	3600	12410
根据表 6 – 4	60800						60800
根据表 6 – 5			38280				38280
根据表 6 – 11		4800					4800
根据表 6 – 12		2560					2560
根据表 6 – 15						144694	144694
合计	60800	7360	38280	3210	5600	148294	263544

表 6 – 18 制造费用计算表

车间名称：第三车间 2023 年 12 月 单位：元

摘要	人工费用	水电费	折旧费	劳动保护费	办公费	其他	合计
根据表 6 – 2				3980	3150	5360	12490
根据表 6 – 4	75000						75000
根据表 6 – 5			20800				20800
根据表 6 – 11		5040					5040
根据表 6 – 12		1948					1948
根据表 6 – 15						139364	139364
合计	75000	6988	20800	3980	3150	144724	254642

表 6 – 19 制造费用分配表

2023 年 12 月

借记项目		生产工时	分配率（%）	应分配的费用（元）
第一车间	甲方料	6432		162657
	乙方料	4768	25.2888	120577
	小计	11200		283234
第二车间	甲白坯	7228		149992
	乙白坯	5472	20.7515	113552
	小计	12700		263544
第三车间	甲组合家具	4800		138896
	乙组合家具	4000	28.9366	115746
	小计	8800		254642

表 6 – 20 产品成本计算单

产品名称：甲家具方料 2023 年 12 月 单位：元

摘要	原材料	燃料及动力费	人工费用	制造费用	合计
根据表 6 – 1	26060	2700	25360	25500	79620
根据表 6 – 3	168340				168340

续表

摘要	原材料	燃料及动力费	人工费用	制造费用	合计
根据表6-10			92575		92575
根据表6-11		26640			26640
根据表6-19				162657	162657
生产费用合计	194400	29340	117935	188157	529832
在产品数量	18	18	18	18	—
完工程度	100%	50%	50%	50%	—
约当产量	18	9	9	9	—
完工产品数量	160	160	160	160	—
分配率	1092.1348	173.6095	697.8402	1113.3550	—
在产品成本	19658	1562	6281	10020	37521
完工产品成本	174742	27778	111654	178137	492311

表6-21 产品成本明细账

产品名称：乙家具方料　　　　　　2023年12月　　　　　　　单位：元

摘要	原材料	燃料及动力费	人工费用	制造费用	合计
根据表6-1	27000	2100	24280	22450	75830
根据表6-3	179860				179860
根据表6-10			68625		68625
根据表6-11		30360			30360
根据表6-19				120577	120577
生产费用合计	206860	32460	92905	143027	475252
在产品数量	6	6	6	6	—
完工程度	100%	50%	50%	50%	—
约当产量	6	3	3	3	—
完工产品数量	120	120	120	120	—
分配率	1641.7460	263.9024	755.3252	1162.8211	—
在产品成本	9850	792	2266	3488	16396
完工产品成本	197010	31668	90639	139539	458856

表 6 - 22　　　　　　　　　　　**产品成本明细账**

产品名称：甲白坯家具　　　　　　　2023 年 12 月　　　　　　　　　　单位：元

摘要	半成品	原材料	燃料及动力费	人工费用	制造费用	合计
根据表 6 - 1	29500	12100	2200	26200	19800	89800
根据表 6 - 3		110400				110400
根据表 6 - 10				225377		225377
根据表 6 - 11			12240			12240
根据表 6 - 19					149992	149992
生产费用合计	29500	122500	14440	251577	169792	587809
在产品数量	6	6	6	6	6	—
完工程度	100%	100%	60%	60%	60%	—
约当产量	6	6	3.6	3.6	3.6	—
完工产品数量	164	164	164	164	164	—
分配率	173.5294	720.5882	86.15752	1501.0561	521.7303	—
在产品成本	1041	4324	310	5404	3647	14726
完工产品成本	28459	118176	14130	246173	166145	573083

表 6 - 23　　　　　　　　　　　**产品成本明细账**

产品名称：乙白坯家具　　　　　　　2023 年 12 月　　　　　　　　　　单位：元

摘要	半成品	原材料	燃料及动力费	人工费用	制造费用	合计
根据表 6 - 1	29800	12100	2100	21900	21660	87560
根据表 6 - 3		122000				122000
根据表 6 - 10				170623		170623
根据表 6 - 11			14640			14640
根据表 6 - 19					113552	113552
生产费用合计	29800	134100	16740	192523	135212	508375
在产品数量	4	4	4	4	4	—
完工程度	100%	100%	60%	60%	60%	—
约当产量	4	4	2.4	2.4	2.4	—

续表

摘要	半成品	原材料	燃料及动力费	人工费用	制造费用	合计
完工产品数量	124	124	124	124	124	—
分配率	232.8125	1047.6563	132.4367	1523.125	1069.7152	—
在产品成本	931	4191	318	3656	2567	11663
完工产品成本	28869	129909	16422	188867	132645	496712

表 6 – 24　　　　　　　　　产品成本明细账

产品名称：甲组合家具　　　　　　2023 年 12 月　　　　　　　　单位：元

摘要	半成品	原材料	燃料及动力费	人工费用	制造费用	合计
根据表 6 – 1	32000	38920	2800	22350	20758	116828
根据表 6 – 3		89000				89000
根据表 6 – 10				169091		169091
根据表 6 – 11			7200			7200
根据表 6 – 19					138896	138896
生产费用合计	32000	127920	10000	191441	159654	521015
在产品数量	4	4	4	4	4	—
完工程度	100%	80%	80%	80%	80%	—
约当产量	4	3.2	3.2	3.2	3.2	—
完工产品数量	172	172	172	172	172	—
分配率	181.8182	730.1370	57.0776	1092.6998	911.2671	—
在产品成本	727	2336	183	3497	2916	9659
完工产品成本	31273	125584	9817	187944	156738	511356

表 6 – 25　　　　　　　　　产品成本明细账

产品名称：乙组合家具　　　　　　2023 年 12 月　　　　　　　　单位：元

摘要	半成品	原材料	燃料及动力费	人工费用	制造费用	合计
根据表 6 – 1	32500	42290	3100	21470	21372	120732
根据表 6 – 3		85000				85000
根据表 6 – 10				140909		140909

续表

摘要	半成品	原材料	燃料及动力费	人工费用	制造费用	合计
根据表6－11			7200			7200
根据表6－19					115746	115746
生产费用合计	32500	127290	10300	162379	137118	469587
在产品数量	6	6	6	6	6	—
完工程度	100%	80%	80%	80%	80%	—
约当产量	6	4.8	4.8	4.8	4.8	—
完工产品数量	128	128	128	128	128	—
分配率	242.5373	958.5090	77.5602	1222.7334	1032.5151	—
在产品成本	1455	4601	372	5869	4956	17253
完工产品成本	31045	122689	9928	156510	132162	452334

（五）案例教学总结

学生讨论发言结束后，教师要对讨论发言的情况做一下总结。教师事先可以针对案例资料做一些拓展性的教学总结。比如结合该案例材料讲解品种法、分批法和分步法等基本成本核算方法的应用；要求学生要学会成本核算流程的设计，包括材料费、人工费用等要素费用的归集和分配，辅助生产费用的归集与分配，制造费用的归集与分配，产成品与在产品的核算等；要求学生通过本案例资料，学习成本计算表格的设计。在本案例中，材料及半成品投入都是在开工时一次性投入的，在采用分步法核算时，每一步骤要对材料费或半成品费用按照100%的完工程度计算约当产量。另外，教师还要对学生提出的一些例外事项进行点评总结。

第二节　成本报表编制与分析的案例教学

一、案例公司背景资料

通达设备公司是一家专门生产通信设备的企业，其生产 JH1、JW2、

JB3 三种型号的数据交换设备，产品成本采用品种法核算。其中 JB3 型数据交换设备是公司的主要产品。

2023 年 12 月 31 日，通达公司财务人员已经根据"生产成本"各明细账编制了"产品生产成本报表""主要产品单位成本报表"。

二、案例公司经济业务

2023 年通达公司生产的 JH1、JW2、JB3 三种型号的数据交换设备的产量资料和单位成本资料如表 6-26、表 6-27 所示。

表 6-26 公司产品产量资料表

2023 年 12 月 31 日 单位：台

产品名称		JH1	JW2	JB3
产量	上年实际	1100	3000	2400
	本年计划	1200	3100	2500
	本年实际	1150	3200	2450

表 6-27 产品单位成本汇总表

2023 年 12 月 31 日 单位：元

产品名称		JH1	JW2	JB3
单位成本	上年实际	960	640	830
	本年计划	950	635	825
	本年实际	955	632	820

2023 年通达公司累计生产完工 JB3 产品 2450 台，发生实际成本 2009000 元，其中直接材料 1009400 元，直接人工 441000 元，制造费用 558600 元。主要材料 A 的平均消耗量为 2 千克，平均单价为 206 元/千克；单件产品平均耗用 30 工时，人工费率为 6 元/工时。JB3 产品其他相关资料如表 6-28 所示。

其中，直接材料单位产品计划耗量为 2 千克，计划单价为 206 元/千克；直接人工单位产品计划耗量为 35 工时，单位产品计划单价为 5 元/工时。

表 6 – 28　　　　　　　　　　　**JB3 产品相关资料**

2023 年 12 月 31 日　　　　　　　　　　　　　　金额单位：元

成本项目	历史先进水平	上年实际平均	本年计划
单位产品直接材料	414	416	412
单位产品直接人工	175	176	175
单位产品制造费用	224	226	225
单位成本合计	813	818	812
A 主要材料耗用量（千克）	1.8	2.1	2

三、案例式教学的组织

（一）讲授理论框架

成本报表通常包括反映成本计划或预算执行情况的产品生产成本表、主要产品单位成本表、制造费用明细表、管理费用明细表和销售费用明细表等。制造费用、管理费用和销售费用的明细表从本质上来说，就是企业一定期间三种费用明细账按照费用专栏进行的一个汇总表，因此，本章的案例教学，可以主要针对产品生产成本表和主要产品单位成本表进行展开学习和讨论，让学生对企业主要成本报表的编制与分析基本原理有所了解，并掌握其编制与分析的基本方法。

产品生产成本表主要用来反映企业在一定时期内所生产的各种产品的总成本和单位成本。在实际工作中，企业可以根据需要选择按产品类别来计算反映相关信息，也可以选择按照产品成本项目类别来计算反映。对于产品生产成本报表的分析，一般是以成本报表为基础，结合企业成本计划或预算等相关资料，分析评价企业成本费用计划或预算完成情况，并分析其增减变化的原因，查找导致成本费用变化的因素并计算各因素对成本变化的影响程度，以帮助企业找到降低成本、节约费用的对策。

主要产品单位成本表以一定时期内企业所生产的主要产品为对象，反映各种主要产品单位成本的构成及其变动情况。在对主要产品单位成本进行分析时，主要的分析依据包括了主要产品单位成本表、成本计划或预算资料、各项消耗定额资料以及与经济指标相关的业务资料，主要的分析内容包括产品单位成本升降变化的情况，按成本项目分析单位成本变动的主要原因及其影响程度，以帮助企业找出降低单位成本的途径。

通过编制产品成本报表，能够使学生熟练掌握成本报表的设计原理和编制思路，加深对产品成本报表的理解。通过本案例的资料，学生能够分析产品成本降低任务的完成情况，掌握因素分析法在成本分析中的应用，进而分析产量、产品结构以及单位成本变动等因素对成本增加变化的影响。在进行成本分析的过程中，授课教师要注意指导学生采用比较分析、比率分析、连环替代以及差额分析法进行相关分析。

（二）案例资料导入

案例资料可以通过学习通等教学平台提前推送给学生，要求学生在课前对案例资料有一个概括的了解。课堂上，教师对案例材料的关键点做强调，比如本案例中通达设备公司生产 JH1、JW2、JB3 三种型号的数据交换设备，产品成本采用品种法核算。其中 JB3 型数据交换设备是公司的主要产品。在报表分析过程中，除了对三种型号产品成本进行分析外，还要重点对主要产品 JB3 型号的数据交换设备进行重点分析。

（三）案例问题引导

在学生熟悉了案例材料后，教师可以提出若干问题，引导学生思考和分析。比如在本案例中，要求学生思考通达设备公司生产 JH1、JW2、JB3 三种型号的数据交换设备成本数据信息应该包括哪些内容？采用对比分析法对产品成本进行分析应该如何选择比对标准？因素分析法在产品成本分析中如何运用？等等。

（四）课堂分析讨论

由于通达设备公司成本报表编制与分析的案例资料不算复杂，为了让每个学生都能参与到案例教学中来，可以先采用小组集体计算和集体讨论的形式，进行案例的分析和研讨。鼓励学生在讨论中提出新的问题，教师及时给予引导和解答。在小组讨论的基础上，由各组推举代表轮流发言，其他组员可以补充发言。该案例资料成本计算的过程及结果如表 6 – 29 至表 6 – 34 所示。

表 6 – 29　　　　　　　　　　产品生产成本表

2023 年 12 月 31 日　　　　　　　　　　　　金额单位：元

产品名称	单位	本年实际产量	单位成本			本年累计总成本		
			上年	计划	本年	按上年实际平均单位成本计算	按本年计划单位成本计算	本年实际
JH1	台	1150	960	950	955	1104000	1092500	1098250
JW2	台	3200	640	635	632	2048000	2032000	2022400
JB3	台	2450	830	825	820	2033500	2021250	2009000
合计	台	6800	2430	2410	2407	5185500	5145750	5129650

表 6 – 30　　　　　　　　可比产品成本计划降低任务表

2023 年 12 月 31 日　　　　　　　　　　　　金额单位：元

产品名称	计划产量	单位成本		总成本		降低任务	
		上年	计划	按上年实际平均单位成本计算	按本年计划单位成本计算	降低额	降低率（%）
JH1	1200	960	950	1152000	1140000	12000	1.04
JW2	3100	640	635	1984000	1968500	15500	0.78
JB3	2500	830	825	2075000	2062500	12500	0.60
合计	—	—	—	5211000	5171000	40000	0.77

表 6 – 31　　　　　　　　可比产品成本实际完成情况表

2023 年 12 月 31 日　　　　　　　　　　　　金额单位：元

产品名称	实际产量	单位成本		总成本		降低任务	
		上年	本年	按上年实际平均单位成本计算	按本年实际单位成本计算	降低额	降低率（%）
JH1	1150	960	955	1104000	1098250	5750	0.52
JW2	3200	640	632	2048000	2022400	25600	1.25
JB3	2450	830	820	2033500	2009000	24500	1.20
合计	—	—	—	5185500	5129650	55850	1.08

表 6 – 32　　　　　**可比产品成本降低任务完成情况分析表**

2023 年 12 月 31 日　　　　　　　　　金额单位：元

影响因素				计算方法	
顺序	产量	品种构成	单位成本	降低额（元）	降低率（%）
（1）	计划	计划	计划	40000	0.77
（2）	实际	计划	计划	5185500 × 0.77% = 39928.35	0.77
（3）	实际	实际	计划	5185500 – 5145750 = 39750	0.77
（4）	实际	实际	实际	55850	1.08
各因素的影响	（2）–（1）：产量因素的影响			– 71.65	0
	（3）–（2）：品种构成的影响			– 178.35	0
	（4）–（3）：单位成本因素的影响			16100	0
	合计			15850	0.31

表 6 – 33　　　　　　**通达公司主要产品单位成本表**

2023 年 12 月 31 日

产品名称：JB3　　　　　计量单位：台　金额单位：元　　　　　本年累计产量：2450

成本项目	历史先进水平	上年实际平均	本年计划	本年累计实际平均
直接材料	414	416	412	412
直接人工	175	176	175	180
制造费用	224	226	225	228
单位成本合计	813	818	812	820
主要技术经济指标	消耗量	消耗量	消耗量	消耗量
1. 主要材料： A 材料（千克）	1.8	2.1	2	2

表 6 – 34　　　　　　**JB3 产品直接材料、人工费用分析表**

2023 年 12 月 31 日

材料名称	单位消耗量		单价		成本（元）		差异（元）
	计划	实际	计划	实际	计划	实际	
A 材料	2 千克	2 千克	206 元/千克	206 元/千克	412	412	0
人工费用	35 工时	30 工时	5 元/工时	6 元/工时	175	180	5

对直接材料费用的分析：

材料消耗数量变动的影响：$(2-2) \times 206 = 0$

材料价格变动的影响：$2 \times (206-206) = 0$

两因素影响程度合计：0

对直接人工费用的分析：

单位产品消耗工时变动的影响：$(30-35) \times 5 = -25$

小时工资率变动的影响：$30 \times (6-5) = 30$

两因素影响程度合计：$-25 + 30 = 5$

（五）案例教学总结

学生讨论发言结束后，教师要对讨论发言的情况做一下总结。教师事先可以针对案例资料做一些拓展性的教学总结。成本报表编制与分析是企业管理中的重要环节，成本报表信息可以帮助管理层了解成本结构和变动情况，做出合理决策；在日常成本管理中，及时发现成本异常并采取相应控制对策。成本分析的主要作用还在于寻找成本增加的影响因素，优化产品成本结构。我们要学会比较不同产品或项目的成本效益，改善低效率经营环节，提升企业整体效率。在本案例分析中，用到了因素分析法，这种方法可以用来确定多个因素对某一指标或结果的影响程度。授课教师应该根据学生知识掌握情况，结合成本计算原理，适当向学生讲解这种分析方法，尤其引导学生找出产品成本的影响因素，收集各影响因素和指标的相关数据，并指导学生根据影响因素与指标的关系构建成本分析模型，帮助学生通过模型计算得出各因素对指标的具体影响。

第三节　成本核算流程设计案例教学

一、案例公司背景资料

成本会计既有会计核算的基本要求，也要结合企业生产经营特征选择成本核算方法，设计具体的成本会计核算流程。本节收集了中铁惠阳工程公司会计核算的基础表格资料，要求学生结合施工企业生产经营特征，分析讨论这些表格的具体用途，设计施工企业成本核算的流程。

中铁惠阳公司具有公路工程施工总承包一级、房屋建筑工程施工总承包一级、铁路工程施工总承包二级等各类施工资质等级，可承担建造公路、铁路等各类道路工程，桥梁和隧道工程的施工，各类房屋建造等工程施工。

二、案例公司经济业务

中铁惠阳工程公司实行项目法施工管理模式，会计上以项目部为单位进行独立核算，会计核算方法由公司总部统一制定，资金由公司总部资金中心统一管理调配。某项目部在施工过程中，财务人员用到的表格资料如表 6 – 35 至表 6 – 52 所示。

表 6 – 35　　　　　　　　　　**人工费分配汇总表**

××项目部　　　　　　　　　　　　　　　年　　月

工程项目及受益对象	日平均工资	用工数	应计人工费
合计			

审核：　　　　　　　　　　　　　　　制表：

表 6 – 36　　　　　　　　　　**材料耗用分配表**

××项目部　　　　　　　　　　　　　　　年　　月

工程项目或受益对象	钢材	木材	水泥	……	合计
合计					

审核：　　　　　　　　　　　　　　　制表：

表6－37　　　　　　　　　　　配件（燃料）耗用分配表

××项目部　　　　　　　　　　　　　年　　月

分配对象	汽配	轴承	燃料	……	合计
合计					

　　　　　　　　　　　　审核：　　　　　　　　　　　　　制表：

表6－38　　　　　　　　　　　机械使用费分配汇总表

××项目部　　　　　　　　　　　　　年　　月

工程项目名称或受益对象	挖掘机			……			合计
	台班	单位成本	小计	台班	单位成本	小计	
合计							

　　　　　　　　　　　　审核：　　　　　　　　　　　　　制表：

表6－39　　　　　　　　　　　未完施工盘点表

××项目部　　　　　　　　　　　　　年　　月

施工队	未完施工项目及已完工序名称	单位	已完工序数量	折合已完工程		预算单价	合计
				%	数量		
合计							

　　　　　　　　　　　　审核：　　　　　　　　　　　　　制表：

表 6 - 40　　　　　　　　　　**材料费用分配表**

××项目部　　　　　　　　　　　　年　月　日　　　　　　　　　　单位：元

材料类别			甲工程	乙工程	合计
主要材料	黑色金属				
	硅酸盐				
	木材				
	其他主要材料				
	小计				
结构件					
其他材料					
合计					
周转材料摊销					

表 6 - 41　　　　　　**辅助生产费用分配表（一次交互分配法）**

××项目部　　　　　　　　　　　　年　月　日　　　　　　　　　　单位：元

项目		运输队			机修厂		
		数量（吨公里）	实际单位成本	生产费用	数量（工日）	实际单位成本	生产费用
交互分配前							
交互分配	辅助生产——运输队						
	辅助生产——机修厂						
交互分配后							
对外分配	工程施工——1 号工程						
	工程施工——2 号工程						
	机械作业——起重机						
	机械作业——载重汽车						

表 6 - 42　　　　　　　　　　　　**辅助生产费用分配表**

××项目部　　　　　　　　　　　年　月　日　　　　　　　　　　单位：元

项目		运输队		机修厂	
应分配的辅助生产费用					
向辅助生产部门以外的受益对象提供的劳务	计量单位	吨公里		工日	
	数量				
辅助生产实际单位成本					
受益对象	耗用数量及分配金额	数量	金额	数量	金额
	工程施工——1号工程				
	工程施工——2号工程				
	机械作业——起重机				
	机械作业——载重汽车				
	合计				

表 6 - 43　　　　　　　　　　　　**辅助生产提供劳务数量表**

××项目部　　　　　　　　　　　年　月　日　　　　　　　　　　单位：元

受益对象	运输吨公里	修理工日
运输队		
机修厂		
1号工程		
2号工程		
起重机		
载重汽车		
合计		

表 6 – 44   **工、料、机械台班用量分析表**

××项目部   年　月　日   单位：元

项目	单位	预算用量	实际用量	节约或超支量	节约或超支率（%）
一、人工	工日				
二、材料					
钢材	吨				
木材	立方米				
水泥	吨				
黄砂	吨				
碎石	吨				
……					
三、机械					
搅拌机	台班				
塔吊	台班				
……					

表 6 – 45   **机械使用费分配表**

××项目部   年　月　日   单位：元

成本核算对象	挖土机（　元/台班）		搅拌机（　元/立方米）		机械使用费合计
	台班数	金额	工程量	金额	
合计					

表 6-46　　　　　　　　　　　　　间接费用分配表

××项目部　　　　　　　　　　　　年　月　日　　　　　　　　　　　单位：元

工程成本核算对象	直接费成本	分配率	分配金额
合计			

表 6-47　　　　　　　　　　　　建筑安装工人工资分配表

××项目部　　　　　　　　　　　　年　月　日

工程成本核算对象	实耗工日数/工日	日平均工资/（元/工日）	应分配工资金额/元
甲工程 乙工程			
合计			

表 6-48　　　　　　　　　　　建筑安装工人劳动保护费分配表

××项目部　　　　　　　　　　　　年　月　日

工程成本核算对象	工资总额	分配率	分配金额
甲工程 乙工程			
合计			

表 6 – 49 竣工成本决算表

建设单位： 建筑面积：
工程名称： 开工日期： 年 月 日
工程结构： 竣工日期：
层数： 金额单位：元

成本项目	预算成本	实际成本	降低额	降低率（％）	简要分析及说明
人工费 材料费 机械使用费 其他直接费 间接费用					
工程成本合计					

表 6 – 50 其他直接费用分配表

××项目部 年 月 日 单位：元

工程成本核算对象	工、料、机实际成本	分配率	分配金额
甲工程 乙工程			
合计			

表 6 – 51 未完施工盘点单

××项目部 年 月 日 单位：元

单位工程名称	分部分项工程		已做工程					其中		
	名称	预算单价/（元/平方米）	工序名称或内容	占分部分项工程的百分比	已做数量/平方米	折合分部分项工程/平方米	预算成本	人工费	材料费	机械费
甲工程										
加：其他 直接费（％） 现场经费（％）										
合计										

表 6－52　　　　　　　　　　辅助生产费用分配汇总表

××项目部　　　　　　　　　　　　　　　年　月　　　　　　　　　　　单位：元

工程项目名称或受益对象	风			水			……			合计
	立方米	单位成本	小计	吨	单位成本	小计	计量单位	单位成本	小计	
合计										

审核：　　　　　　　　　　　　　　　　　制表：

三、案例式教学的组织

（一）讲授理论框架

由于大部分成本会计教材都是以工业企业成本会计核算为蓝本进行编写的，大部分学校也是以工业企业成本会计核算作为成本会计课程的主要授课内容来组织开展课堂教学，所以组织该案例教学时，授课教师要适当向学生介绍建筑施工企业的生产经营特点和会计核算要求。

建筑施工企业的生产具有流动性、建筑产品具有单件性、生产环境一般露天开放，大部分国家都选择项目法对施工生产进行组织管理，会计核算具有相对独立性，成本核算对象一般为合同中约定的施工对象。工程施工过程中，涉及大量的砂石料、钢材等原材料，涉及的固定资产主要是工棚、料棚、宿舍等临时设施以及施工机械设备，涉及的辅助生产部门主要是结构件加工、门窗加工、钢结构件加工等，涉及的人工费用会包含部分外包劳务。

除了设置"辅助生产"相关科目外，有些施工企业会设置"机械作业"科目对工程施工机械作业成本进行核算，期末根据施工项目受益情况进行分配结转。施工项目部为组织施工生产而发生的管理费用，一般通过设置"间接费用"科目进行核算，该科目类似于工业企业成本会计核算中用到的"制造费用"科目。由于大部分施工项目都是独立的成本核算对象，因此，辅助生产成本、机械作业成本以及待分配间接费用通常不需要在多个成本核算对象之间作分配。

（二）案例资料导入

本节选取的案例资料主要是施工项目成本会计核算过程中用到的一些表格，可以通过学习通等教学平台提前推送给学生，要求学生在课前对案例资料有一个概括的了解。课堂上，教师组织学生根据以前学习过的成本会计核算常识，对案例材料中各种表格的用途进行讨论分析，梳理施工项目会计核算的主要内容，讨论要素费用核算的先后顺序。

（三）案例问题引导

在学生熟悉了案例材料后，教师可以提出若干问题，引导学生思考和分析。比如在本案例中，要求学生思考中铁惠阳工程公司以项目部为会计核算单位，如何组织会计核算？施工项目施工过程中涉及的人工费、材料费核算有哪些特殊之处？如何通过"机械作业"科目核算施工机械设备费用？施工项目在期末有没有存在完工产品和在产品的区分？等等。

（四）课堂分析讨论

本案例可以采用小组讨论的形式，在小组讨论的基础上，由各组推举代表轮流发言，其他组员可以补充发言。要求学生对案例材料进行分析和研讨，设计出施工项目成本核算的流程图，并了解施工项目成本核算中的一些关键问题。可以参考的计算结果如图 6-1 所示。

（五）案例教学总结

学生讨论发言结束后，教师要对讨论发言的情况做一下总结。施工成本核算对象一般应根据工程施工的内容及特点、合同约定情况及经营管理的要求来确定，通常也要与工程预算管理的要求保持协调一致。虽然大多数施工项目成本核算的对象是有独立施工图预算的单位工程或整个合同，但也有些单位按照施工工序设置成本核算对象，比如隧道工程设置了开挖、支护两个成本核算对象。有些单位实行了内部承包责任制，也可将所承包范围内的工程作为成本核算对象。有些时候，同一工程承包合同包括了若干类似单位工程，也可以合并为一个成本核算对象。

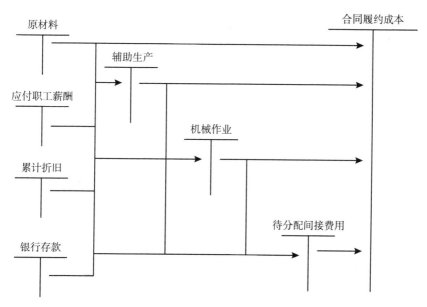

图 6-1　施工项目成本核算程序

建筑施工企业在编制工程预算、工程结算以及工程决算时，都要按照住建部《工程费用组成》文件的要求，对工程费用进行分类核算，工程费用之和构成了工程总造价，是建设方和承建方进行结算的主要依据。在建筑施工企业成本会计核算中，施工成本一般包括直接人工费、直接材料费、机械使用费、其他直接费用和间接费用，但在《工程费用组成》文件中将原成本会计中的其他直接费、临时设施费以及原直接费中的非实体消耗费用合并作为措施费来核算。另外，会计上将检验试验费计入其他直接费核算，但《工程费用组成》规定，检验试验费计入材料费核算。

在建筑施工企业"完工产品"一般叫"已完工程"（或"已完施工"），主要是指企业已经完成了工程预算定额所规定的全部工序和工程内容，不再需要继续施工的工程。对于"已完工程"，施工企业一般按月计算出其实际成本，并向建设单位办理工程价款结算。对于尚未完成预算定额所规定工序和内容的工程，通常被称为"未完施工"（或"未完工程"），也就是"在产品"。在实际工作中，月末施工企业需要盘点确定未完施工的实物量，通过编制"未完施工盘点单"根据预算定额资料计算确定其定额成本，会计上也将其作为未完施工成本。

总之，不同行业企业由于其生产经营特点不同，成本会计核算的内容和程序会略有不同。

第七章

特殊行业成本会计案例教学研究

各行业企业会计核算的区别主要体现在产品或服务成本会计核算方面，比如运输成本的核算、餐饮服务成本的核算、旅游服务成本的核算、物业服务成本的核算等。有些行业企业根据订单生产，在履行合同义务的过程中需要对履约成本进行核算，并按照《企业会计准则第 14 号——收入》的要求，企业需要按照履约进度对收入进行确认和计量，在采用成本投入法计算履约进度时，收入的确认与计量和履约成本的会计核算具有密切的联系。这些特殊行业成本会计核算是成本会计课程教学内容的重要组成部分。尤其在服务业企业蓬勃发展的今天，掌握这些特殊行业成本会计核算的方法是会计学专业毕业学生应该具备的专业知识和技能。同时，由于这些行业企业生产和服务的特殊性，使专业教师在进行案例式教学过程中，需要及时准备特色鲜明的案例材料，向学生讲解不同行业企业成本核算的特点和要求，组织引导学生根据所掌握的成本会计基本理论与方法，探索其在不同专业领域的应用。在本章的案例教学研究中，我们选取了建筑施工企业成本核算与管理的案例作为研究对象，探讨特殊行业企业成本会计案例式教学方法。

建筑施工企业一般是根据客户（建设单位）的特定要求组织施工生产，形成类型繁多、各具特色的建筑产品。由于产品没有统一固定的形态，施工生产方案会因工程而异、因地质条件而异、因施工时间而异。也就是说，建筑施工企业需要根据客户的合同要求，单独针对某一项工程承包合同内容进行施工生产。项目法施工是目前建筑施工企业组织管理施工生产的主要方式。在这种管理模式下，每一个施工项目从投标、签合同、施工、竣工验收以及保修等过程都由专门的经营管理和技术团队负责，会计核算上以该项目为会计核算对象，对其进行独立的会计核算与财务管理。

在成本会计核算中，建筑施工企业往往以中标项目作为成本核算对象，归集该项目在施工生产过程中所发生的各类生产费用，包括施工所消耗的各类材料费用、周转材料的摊销费用、施工机械设备的台班费、施工人员人工费以及工程施工组织管理费用支出。成本管理是建筑施工项目管理的一个重要内容，项目经理是施工项目成本管理的主要责任人，而财务人员往往承担着成本管理的组织协调责任，是成本管理的组织实施者。因此，成本会计案例教学应该教会学生将成本会计的基本原理与方法应用于施工项目成本核算体系的构建与实施，能够制定成本管理的方案和实施，寻找工程施工各作业环节的成本差异，进行施工项目作业成本的分析，考核各施工环节各作业的成本绩效，发挥成本会计在施工项目管理中的重要作用。

本章的案例教学建议安排 4 课时。

第一节 施工项目成本核算案例教学方法及应用

一、案例公司背景资料

黔贵工程公司是一家省属国有施工企业，以路桥工程施工为主业，集设计、设备安装、房屋建筑、装饰装修、机场矿山、房地产开发、工程监理、建筑科研与技术咨询于一体，具有路桥工程施工、房屋建筑工程施工等总承包特级资质的大型综合性企业集团，其经营业务遍及中国大陆、港澳等地。企业实行项目法施工，实行项目经理负责制，各工程施工项目部均实行会计独立核算和财务管理，所有项目部均设置了专门的财务会计部门，并配备有专职会计人员。

黔贵工程公司 2020 年 12 月 31 日中标川遂高速公路 H 标段公路工程，工期为 3 年。该工程承包项目包括一座 1000 延长米的桥梁工程、一座长度为 2000 延长米的隧道工程及 5000 延米的路基工程。合同总造价 280000000 元。按照合同约定，在工程价款结算环节，客户按每次计量结算工程款的 5% 扣留工程质量保证金；若工程提前竣工，工期每提前一天客户奖励施工单位 30000 元。

黔贵工程公司设立了川遂高速公路项目经理部作为项目管理机构，全权负责该项目的施工生产和工程价款计量结算业务。由于该标段高速公路施工除了公路路基工程外，还涉及隧道开挖和桥梁施工，为了顺利完成施工生产任务，该项目部成立了隧道工程施工队、桥梁工程施工队；另外还成立了机械设备站，为各分项工程提供施工机械设备服务，成立了一个采石场，为各分项工程提供建筑用砂石料。路基工程部分分包给了东华公司施工。

项目部根据工程项目情况，设置了路基工程、隧道工程、桥梁工程三个成本核算对象，进行工程施工成本的明细核算；机械设备站施工机械的生产成本通过"机械作业"科目进行归集和分配；采石场生产砂石料的成本通过"辅助生产"科目进行成本费用的归集，根据各成本核算对象的耗用量分配结转成本。

在工程施工中，除了工程用到的钢材和水泥等部分主要材料由客户（建设单位）提供，其他材料物资均由施工方自行采购。该项目属于甲供工程，施工方选择简易计税方法计算缴纳增值税。该企业缴纳各项税费适用的税率或费率分别为：增值税征收率3%，城市维护建设税税率为7%，教育费附加费率为3%。

二、案例公司经济业务

川遂高速公路 H 标段公路工程于 2021 年 1 月 1 日开始施工。2021 年施工项目发生的主要经济业务如下：

（1）项目部一般性费用消耗支出情况，如表 7 - 1 所示。

表 7 - 1　　　　　　　　　一般性费用消耗支出汇总表

2021 年 12 月　　　　　　　　　　　　　单位：元

费用项目	一季度	二季度	三季度	四季度	合计
项目部房屋租赁支出	5000	5000	5000	5000	20000
职工差旅费支出	27000	37000	36000	40000	140000
设备搬运费	20000	3000	2000	3000	28000
征地拆迁费用	100000	30000	20000		150000
青苗补偿费用	20000	20000	10000		50000
设备租赁费用	50000	50000	50000	50000	200000
其他办公费用支出	95000	85000	85000	85000	350000
合计	317000	230000	208000	183000	938000

（2）项目部人工费用支出情况，如表7-2所示。

表7-2 人工费用计算表

2021年12月 单位：元

费用项目	一季度	二季度	三季度	四季度	合计
项目部管理人员	55000	52000	53000	50000	210000
隧道工程施工人员	400000	380000	420000	400000	1600000
桥梁工程施工人员	300000	270000	320000	310000	1200000
机械设备站人员	150000	160000	165000	155000	630000
采石场人员	32000	26000	31000	31000	120000
合计	937000	888000	989000	946000	3760000

（3）各工程领用材料情况，如表7-3所示。

表7-3 材料物资领用汇总表

2021年12月 单位：元

项目	原材料	机械配件	燃料	其他材料	低值易耗品	合计
隧道工程	14860000	0	278000	1250000	1240000	17628000
桥梁工程	11820000	0	256000	1260000	1260000	14596000
机械设备站	210000	4500000	3420000	390000	260000	8780000
采石场	420000	0	0	140000	120000	680000
项目经理部	92000	56000	54000	66000	0	268000
合计	27402000	4556000	4008000	3106000	39072000	78144000

（4）各工程相关直接费用支出情况，如表7-4所示。

（5）各工程相关折旧及摊销费用情况，如表7-5所示。

（6）采石场开采片石领用情况，如表7-6所示。

（7）各工程使用机械租赁站机械设备台班统计资料，如表7-7所示。

表 7 - 4　　　　　　　　　　　　**相关直接费用支出计算表**

2021 年 12 月　　　　　　　　　　　　单位：元

费用项目	一季度	二季度	三季度	四季度	合计
支付路基工程分包款	5000000	5500000	5000000	4800000	20300000
隧道工程支付租金	120000	120000	1300000	130000	1670000
桥梁工程支付租金	130000	130000	120000	120000	500000
支付机械租赁站电费	25000	25000	2500	2500	55000
合计	5275000	5775000	6422500	5052500	22525000

表 7 - 5　　　　　　　　　　　　**折旧及周转材料摊销计算表**

2021 年 12 月　　　　　　　　　　　　单位：元

费用项目	一季度	二季度	三季度	四季度	合计
管理用固定资产折旧	20000	20000	20000	20000	80000
机械租赁站设备折旧	180000	180000	180000	180000	720000
采石场设备折旧	150000	150000	150000	150000	600000
隧道工程模板摊销	160000	140000	150000	150000	600000
桥梁工程模板摊销	140000	170000	160000	130000	600000
合计	650000	660000	660000	630000	2600000

表 7 - 6　　　　　　　　　　　　**采石场片石领用情况表**

2021 年 12 月　　　　　　　　　　　　单位：立方米

项目	桥梁工程	隧道工程	合计
片石	88000	182000	270000

表 7 - 7　　　　　　　　　　　　**机械设备台班统计**

2021 年 12 月　　　　　　　　　　　　单位：台班

项目	运输车辆	装载机械	输送泵机	抽水泵机
桥梁工程	3600	3500	5000	3000
隧道工程	6700	3800	11000	5000
合计	10300	7300	16000	8000

（8）2022 年各工程项目成本费用支出资料，如表 7-8 所示。

表 7-8 　　　　　　　　相关成本开支统计表

2022 年 12 月 　　　　　　　　　　　单位：元

项目	桥梁工程	隧道工程	路基工程	合计
直接材料费	30920000	43200000		74120000
直接人工费	4820000	6600000		11420000
机械使用费	1380000	2400000		3780000
其他直接费	870000	12600000		13470000
直接费合计			15300000	15300000
间接费用	1320000	2720000		4040000
合计	39310000	67520000	15300000	122130000

（9）2023 年各工程项目成本费用支出资料，如表 7-9 所示。

表 7-9 　　　　　　　　相关成本开支统计表

2023 年 10 月 　　　　　　　　　　　单位：元

项目	桥梁工程	隧道工程	路基工程	合计
直接材料费	15800000	21800000		37600000
直接人工费	2450000	3400000		5850000
机械使用费	760000	1500000		2260000
其他直接费	480000	6500000		6980000
直接费合计			7800000	7800000
间接费用	660000	1350000		2010000
合计	20150000	34550000	7800000	62500000

三、案例式教学的组织

（一）讲授理论框架

本案例资料是黔贵工程公司川遂高速公路 H 标段公路工程 2021~2023

年的 3 年期间，工程施工所发生的成本费用支出，案例教学的目的是让学生学会将成本会计核算的原理和方法综合运用到建筑施工成本核算中。通过这个案例资料的教学，可以让学生进行一次仿真的、全过程的施工企业成本核算。

要求学生先对黔贵工程公司川遂高速公路 H 标段公路工程整体成本会计核算流程进行设计。其中涉及的主要问题包括成本会计核算对象的确定，要考虑该公司施工组织的特点和管理要求，同时需要考虑《企业会计准则第 14 号——收入》对单项履约义务的规定；在本案例中，除了按照工程分项工程设置了"桥梁工程""隧道工程""路基工程"明细科目对施工成本进行核算外，还要设置"机械作业"科目对机械设备租赁站成本进行核算，设置"辅助生产"科目对采石场成本进行核算；设置"间接费用"科目对施工项目部在组织和管理施工生产过程中发生的各种费用进行归集和分配。学生还要设计好机械作业、辅助生产费用和间接费用分配的标准和方法。

由于之前的案例教学内容以制造业企业案例为主，通过本节建筑施工企业成本核算案例的讲解和训练，可以考查学生灵活运用本课程前述相关内容的能力，是引导学生学以致用的一次重要课堂教学实践。

（二）案例资料导入

案例资料可以通过学习通等教学平台提前推送给学生，要求学生在课前对案例资料有一个概括的了解，同时要求学生学习阅读建筑施工企业成本核算的基础知识。课堂上，教师对案例材料的关键点做强调，比如本案例中黔贵工程公司川遂高速公路项目部工程施工成本核算过程中，设置了"机械作业""辅助生产""间接费用"等中间过渡性科目核算机械设备使用成本、片石生产成本以及项目部组织管理费用；川遂高速公路项目部在按照"桥梁工程""隧道工程""路基工程"对履约成本进行明细核算时，会涉及机械作业成本、辅助生产费用以及间接费用的分配，选择什么样的分配标准、如何进行成本费用的分配，也就是说，授课教师要向学生讲解施工项目成本核算的程序。

（三）案例问题引导

在学生熟悉了案例材料后，教师可以提出若干问题，引导学生思考和分析。比如在本案例中，要求学生思考川遂高速公路项目部在设置"桥梁工程""隧道工程""路基工程"对履约成本进行明细核算时，其成本费用的核算有何不同？按照履约进度进行收入确认时所依据的合同预计总成本计算口径是什么？施工企业过程性费用的归集与分配与一般工业企业的区别有哪些？为什么从总体上来看施工项目成本的核算应该是订单法？等等。

（四）课堂分析讨论

由于黔贵工程公司川遂高速公路项目部成本核算案例资料较多，为了让每个学生都能参与到案例教学中来，可以要求学生课前先完成有关工程施工成本的核算。课堂上可以采用小组集体讨论的形式，进行案例的分析和研讨。鼓励学生在讨论中提出新的问题，教师及时给予引导和解答。在小组讨论的基础上，由各组推举代表轮流发言，其他组员可以补充发言。该案例资料成本计算的过程及结果如下所示。

（1）根据机械设备站 2021 年发生费用情况，计算机械作业成本如表 7-10 所示。

表 7-10　　　　　　　　　机械作业成本计算表

车间名称：机械设备站　　　　　　　2021 年 12 月　　　　　　　　单位：元

项目	人工费	材料费	折旧费用	其他费用	合计
发生人工费	630000				630000
领用材料物资		8780000			8780000
支付电费				55000	55000
计提折旧费用			720000		720000
合计	630000	8780000	720000	55000	10185000

（2）根据各核算对象计划成本比例分配机械作业成本，分配计算过程如表 7-11 所示。

（3）根据采石场费用支出情况计算片石生产成本，如表 7-12 所示。

表 7-11　　　　　　　　　　　机械作业成本分配表

2021 年 12 月　　　　　　　　　　　单位：元

项目	计划台班单价	桥梁工程计划成本	隧道工程计划成本	合计
运输车辆	70	252000	469000	721000
装载机械	110	385000	418000	803000
输送泵机	80	400000	880000	1280000
抽水泵机	40	120000	200000	320000
计划成本合计	—	1157000	1967000	3124000
分配率	—	0.37	0.63	1
实际成本分配	—	3768450	6416550	10185000

表 7-12　　　　　　　　　　　辅助生产成本计算表

车间名称：采石场　　　　　　　2021 年 12 月　　　　　　　　单位：元

摘要	原材料	人工费用	制造费用	合计
领用材料物资	680000			680000
采石场人工费		120000		120000
计提设备折旧			600000	600000
合计	680000	120000	600000	1400000

（4）根据各工程项目领用片石情况分配采石场成本，如表7-13所示。

表 7-13　　　　　　　　　　　采石场片石成本分配表

2021 年 12 月

项目	桥梁工程	隧道工程	合计
片石领用数量	88000	182000	270000
分配率（%）	0.33	0.67	1
片石成本分配	462000	938000	1400000

（5）根据川遂高速公路项目部组织管理项目施工过程中发生的支出，计算间接费用如表7-14所示。

表7-14　　　　　　　　　　间接费用计算表

项目名称：川遂高速公路项目部　　　　　2021 年 12 月　　　　　　　　单位：元

摘要	人工费用	材料费用	折旧费	办公费	其他	合计
发生人工费	210000					210000
领用材料		268000				268000
固定资产折旧			80000			80000
办公费用				160000		160000
发生其他费用					778000	778000
合计	210000	268000	80000	160000	778000	1496000

（6）根据各工程人工费比例分配间接费用，计算结果如表 7-15 所示。

表7-15　　　　　　　　　间接费用分配表

2021 年 12 月

工程	直接人工费（元）	分配率（%）	应分配的费用（元）
桥梁工程	1600000	0.57	852720
隧道工程	1200000	0.43	643280
小计	2800000	1	1496000

（7）根据"桥梁工程""隧道工程""路基工程"明细科目记录情况，计算各工程成本如表 7-16 所示。

表7-16　　　　　　　　工程施工成本计算单

项目名称：川遂高速公路项目部　　　2021 年 12 月　　　　　　　单位：元

项目	桥梁工程	隧道工程	路基工程	合计
直接材料费	15058000	18566000		33624000
直接人工费	1200000	1600000		2800000
机械使用费	3768450	6416550		10185000
其他直接费	1100000	2270000		3370000
直接费合计	21126450	28852550	20300000	70279000
间接费用	852720	643280		1496000
合计	21979170	29495830	20300000	71775000

（8）桥梁工程、隧道工程、路基工程2022年和2023年的成本计算单如表 7 – 17 和表 7 – 18 所示。

表 7 – 17 **工程施工成本计算单**

2022 年 12 月 单位：元

项目	桥梁工程	隧道工程	路基工程	合计
直接材料费	30920000	43200000		74120000
直接人工费	4820000	6600000		11420000
机械使用费	1380000	2400000		3780000
其他直接费	870000	12600000		13470000
直接费合计			15300000	15300000
间接费用	1320000	2720000		4040000
合计	39310000	67520000	15300000	122130000

表 7 – 18 **工程施工成本计算单**

2023 年 10 月 单位：元

项目	桥梁工程	隧道工程	路基工程	合计
直接材料费	15800000	21800000		37600000
直接人工费	2450000	3400000		5850000
机械使用费	760000	1500000		2260000
其他直接费	480000	6500000		6980000
直接费合计			7800000	7800000
间接费用	660000	1350000		2010000
合计	20150000	34550000	7800000	62500000

（五）案例教学总结

学生讨论发言结束后，教师要对讨论发言的情况做一下总结。教师事先可以针对案例资料做一些拓展性的教学总结。比如结合该案例材料讲解施工企业项目法施工背景下以施工项目为会计核算对象组织独立核算的原理和方法；要求学生要学会施工项目成本核算流程的设计，包括施工项目机械作业成本费用的归集和分配，辅助生产费用的归集与分配，施工项目部间接费用的归集与分配，合同履约成本明细核算的原则与方法等。在本案例中，机械作业成本、辅助生产成本费用归集中不包含项目部间接费用；间接费用只在工程项目成本核算对象间进行分配。项目部可以根据工程施工特点和管理要求，设置工程施工明细账，也可以将整个项目作为一个成本核算对象。

第二节　施工项目收入核算案例教学方法及应用

一、案例公司背景资料

按照《企业会计准则第 14 号——收入》，工程施工项目属于在某一时段内按照合同要求履行约定义务，因此，施工企业应当在工程施工期间按照合同履约进度来确认工程承包收入。黔贵工程公司采用投入法计算履约进度，也就是根据工程项目累计发生成本占合同预计总成本的比例来计算履约进度。川遂高速公路 H 标段公路工程，工期为 3 年。合同总造价 280000000 元，每年年末按照合同履约进度计算确认工程承包收入。

二、案例公司经济业务

川遂高速公路 H 标段公路工程于 2021 年 1 月 1 日开始施工。由于客户（建设单位）原因导致部分征地拆迁工作迟迟未完成，导致第一年施工期间路基工程施工机械设备闲置和劳务人员窝工，经测算项目部于 2021 年 12 月初向客户（建设单位）提出索赔 8000000 元，至 2021 年年末尚未得到客户（建设单位）的批复。为了计算履约进度，项目部经营预算、工程技术、财务会计等部门对工程施工成本进行了预测，经测算为履行工程承包合同尚需发生成本 195000000 元。2022 年年末，经项目部经营预算、工程技术、财务会计等部门的综合测算，完成工程承包合同尚需发生成本 63000000 元；上一年征地拆迁的索赔款得到了客户（建设单位）的正式批复，双方议定客户支付索赔款 6000000 元。2023 年 10 月，川遂高速公路 H 标段公路工程全部竣工，实际工期比合同约定工期提前 2 个月，客户已经同意支付提前竣工奖 3000000 元。

三、案例式教学的组织

（一）讲授理论框架

本案例资料是黔贵工程公司根据川遂高速公路 H 标段公路工程工程施工成本投入情况计算履约进度进而确认计量工程承包收入。案例教学的目的是让学生学会建筑施工企业收入计量和确认问题。在成本会计教学中讲授收入核算的原因是，按照《企业会计准则第 14 号——收入》的规定，工程施工收入属于在一段时间内完成履约义务，应该按照履约进度确认和计量企业的工程承包收入。在施工企业的会计实践中，一般根据投入法即按照施工项目累计发生成本占合同预计总成本比例来确定履约进度。成本会计信息因此成为确认和计量工程承包收入的一个决定性因素。

要求学生先对《企业会计准则第 14 号——收入》中关于在一段时间内完成合同履约义务的会计核算进行预习。对于黔贵工程公司川遂高速公路 H 标段公路工程，由于已经签订了工程承包合同，可以识别为已经与客户订立了合同，产生了履约义务；由于需要按照整体公路工程完工情况和客户进行结算，可以认定该合同包含了一项单项履约义务；合同的交易价格为 280000000 元，施工中获得的索赔款和奖励款也将增加合同收入总价款。其中，6000000 元索赔款应该在得到客户认可情况下才能确认；随着客户同意支付提前竣工奖金 3000000 元，奖励款也可以确认为合同总收入。

在按照合同履约进度确认工程承包收入时，同时确认"合同资产"。"合同资产"是新《收入》准则实施后，从"应收账款"中分离出来的一种债权，但并不是一项无条件的收款权。该项应收款项的权利，除了有时间因素外，还取决于其他因素，比如工程质量等。授课教师应适当讲解"合同资产"的界定及其应用场景。

由于本次案例教学以施工企业收入的确认与计量为主，通过本节建筑施工企业收入核算案例的讲解和训练，可以让学生观察合同履约成本的确认与计量对收入核算的影响。

（二）案例资料导入

案例资料可以通过学习通等教学平台提前推送给学生，要求学生在课前对案例资料有一个概括的了解，同时要求学生学习阅读建筑施工企业收入核算的基础知识。课堂上，教师对案例材料的关键点做强调，比如本案例中黔贵工程公司川遂高速公路项目部工程施工收入核算过程中，需要根据累计发生的合同履约成本占合同预计总成本的比例确认履约进度；川遂高速公路项目部需要在期末组织测算合同预计总成本，在工程施工期间，影响合同预计总收入的因素除了工程承包合同金额外，还需要考虑合同变更、工程款索赔及奖励等价外费用。

（三）案例问题引导

在学生熟悉了案例材料后，教师可以提出若干问题，引导学生思考和分析。比如在本案例中，要求学生思考川遂高速公路项目部如何组织测算合同预计总成本？在设置"桥梁工程""隧道工程""路基工程"中对已经发生的履约成本进行了明细核算，如何对未来将要发生的成本进行计量，尤其是全部外包的路基工程未来将要发生的成本如何进行计量？累计已发生的合同履约成本与未来将要发生成本的计算如何影响到合同履约进度的计算，进而影响到收入的确认？能否按照"桥梁工程""隧道工程""路基工程"分别计算履约进度进而计量工程承包收入？等等。

（四）课堂分析讨论

为了让每个学生都能参与到案例教学中来，可以要求学生课前先完成黔贵工程公司川遂高速公路项目部有关工程施工收入的核算。课堂上可以采用小组集体讨论的形式，进行案例的分析和研讨。鼓励学生在讨论中提出新的问题，教师及时给予引导和解答。在小组讨论的基础上，由各组推举代表轮流发言，其他组员可以补充发言。该案例资料成本计算的过程及结果如下所示。

根据川遂高速公路 H 标段合同履约成本累计发生额、未来将要发生的成本以及合同预计总收入计算川遂高速公路项目部 2021 年工程承包收入如表 7－19 所示。

表 7-19 　　　　　　　　　**工程承包合同收入计算表**

单位名称：黔贵工程公司　　　　编表日期：2021 年 12 月 31 日　　　　　　　　单位：元

工程项目名称			川遂高速公路 H 标段					
开工时间			2021 年 1 月 1 日		完工时间		2023 年 12 月 31 日	
合同初始收入①			280000000					
开工以来合同收入变动情况	项目		第一次	第二次	第三次	第四次	第五次	金额合计
	变更	甲方批复的时间						—
		批复的金额						
	索赔	甲方批复的时间						—
		批复的金额						
	奖励	甲方批复的时间						—
		批复的金额						
	开工以来合同收入累计变动增加金额②							0
合同履约进度计算	期末时合同履约成本累计发生额③					71775000		
	完成合同尚需发生的成本④					195000000		
	合同预计总成本⑤ = ③ + ④					266775000		
	履约进度⑥ = ③ ÷ ⑤					27%		
本期确认收入 = (① + ②) × ⑥ – 以前年度累计确认收入						75600000		

　　黔贵工程公司川遂高速公路项目部 2022 年年末和 2023 年 10 月末工程承包合同计算表如表 7-20 和表 7-21 所示。

表 7-20 　　　　　　　　　**工程承包合同收入计算表**

单位名称：黔贵工程公司　　　　编表日期：2021 年 12 月 31 日　　　　　　　　单位：元

工程项目名称			川遂高速公路 H 标段					
开工时间			2021 年 1 月 1 日		完工时间		2023 年 12 月 31 日	
合同初始收入①			280000000					
开工以来合同收入变动情况	项目		第一次	第二次	第三次	第四次	第五次	金额合计
	变更	甲方批复的时间						—
		批复的金额						

续表

		项目	第一次	第二次	第三次	第四次	第五次	金额合计
开工以来合同收入变动情况	索赔	甲方批复的时间	2022 年					—
		批复的金额	6000000					
	奖励	甲方批复的时间						—
		批复的金额						
	开工以来合同收入累计变动增加金额②							6000000
合同履约进度计算	期末时合同履约成本累计发生额③							193905000
	完成合同尚需发生的成本④							63000000
	合同预计总成本⑤＝③＋④							262905000
	履约进度⑥＝③÷⑤							74%
本期确认收入＝（①＋②）×⑥－以前年度累计确认收入								136040000

表 7 - 21　　　　　　　　　　工程承包合同收入计算表

单位名称：黔贵工程公司　　　　编表日期：2021 年 12 月 31 日　　　　　　单位：元

工程项目名称			川遂高速公路 H 标段					
开工时间			2021 年 1 月 1 日		完工时间		2023 年 12 月 31 日	
合同初始收入①			280000000					
		项目	第一次	第二次	第三次	第四次	第五次	金额合计
开工以来合同收入变动情况	变更	甲方批复的时间						—
		批复的金额						
	索赔	甲方批复的时间	2022 年					—
		批复的金额	6000000					
	奖励	甲方批复的时间	2023 年					—
		批复的金额	3000000					
	开工以来合同收入累计变动增加金额②							9000000
合同履约进度计算	期末时合同履约成本累计发生额③							256405000
	完成合同尚需发生的成本④							0
	合同预计总成本⑤＝③＋④							256405000
	履约进度⑥＝③÷⑤							100%
本期确认收入＝（①＋②）×⑥－以前年度累计确认收入								77360000

（五）案例教学总结

学生讨论发言结束后，教师要对讨论发言的情况做一下总结。教师事先可以针对案例资料做一些拓展性的教学总结。比如结合该案例材料讲解施工企业项目法施工背景下以施工项目为会计核算对象组织独立核算，在收入核算中体现为会计核算对象确定的唯一性上；要求学生了解施工项目合同预计总成本的测算方法，同时理解从成本管理的角度来讲，施工企业管理者应该掌握每一个施工项目的成本情况，需要知道履行合同还需要发生的成本；要求学生通过本案例资料，观察成本会计的核算与未来成本的测算，既是收入核算的需要，也影响收入的准确计量和确认。

第三节　施工项目成本管理案例教学方法及应用

成本核算是成本管理的基础，同时企业的成本核算中往往也贯穿了其对成本控制的要求。在早期的工业生产阶段，由于社会生产力水平不高，企业生产规模普遍较小，所生产产品种类和品种单一，而整个市场又属于卖方市场，因此，企业经营者只需要想方设法提高生产效率、增加产品产量即可，成本核算仅仅是企业管理一个辅助职能。随着近代工厂制度的建立与发展，尤其是制造成本法的广泛应用，使得成本管理成为企业管理的重要内容。

一、案例公司背景资料

黔贵工程公司从 1998 年开始实行责任成本管理，公司已经确立了"施工项目是企业的成本中心"经营管理理念。在责任成本管理体制下，建筑施工产品的承包价格在工程施工合同中确定后，扣除承包价款中的利润及相关税费后，企业将会将剩余部分以预算成本的形式连同建筑施工产品的成本管理责任，关联到对应的施工项目上，督促施工项目对项目施工实施科学管理。各个项目部根据本项目建筑施工生产的特点，结合工程施工中标价的构成和成本发生的涉及区域，以工程施工队、劳务班组及职能部门分别作为项目内部责任中心，各责任中心对自己完成某项任务或作业所发生的成本费用，进行预测、计划、控制、核算、分析和考核，通过这些管理活动降低项目施工成本。

黔贵工程公司责任成本管理的程序与内容主要包括：

（1）编制和审批工程项目施工组织方案。在工程项目开工之前，由施工项目部编制项目施工组织方案，该方案编制完成后必须经由公司总部业务部门审核、审批。

（2）清查审核并确定工程量。施工项目部对施工图预算数量进行实测审核，公司总部依据审核无误的施工图预算数量编制下达施工项目部责任预算，施工项目部根据实测工程数量编制各责任中心责任预算。

（3）确定内部交易价格。施工项目部按照公司的材料物资、外部劳务的招标采购制度，准确确定内部交易价格，确保成本责任预算的准确性。

（4）确定责任中心并划定责任范围。施工项目部各责任中心的建立要坚持"负责什么，就控制什么"的原则。

（5）编制责任成本预算和责任资金预算。责任成本预算一般包括成本中心的责任成本预算和费用中心的责任费用预算。

（6）签订责任预算承包合同。公司按照责任层级签订责任预算承包合同，进而规范和约束责任主体的行为，达到成本控制的目的。

（7）计量验收责任中心的工作量。准确计算责任中心的工作量或经营成果，进而评价该责任中心的绩效、兑现其责任奖惩的重要依据。

（8）考核、评价各责任中心业绩成果，兑现责任绩效。

在责任成本管理体制下，企业还组织了责任成本核算，以准确计算各责任中心经营绩效。

二、案例公司经济业务

川遂高速公路是国家重点干线公路的重要组成部分。其中，六枝隧道是全线最长的隧道，左线 3980 米，右线 3975 米。隧道位于黔北地区，地形地貌属高原丘陵地区。该工程分四个标段招标，黔贵工程公司于 2021 年年底中标该工程 C2 合同段、C3 合同段。C2 合同段包含工程为右线隧道的进口工程，中标标段隧道长度为 1964 米，合同投资 9874 万元；C3 合同段包含工程为左线隧道的出口工程，中标标段隧道长度为 1980 米，合同投资

10520 万元。

六枝隧道工程项目所处位置地质复杂，对工程施工技术要求高，施工难度较大。总体工期 18 个月，相对于较大的工程量，工期略显紧张。按照工程承包合同的要求，黔贵工程公司在中标后 7 日内需要存入保证金 1.5 亿元，而且保证金返还与工程计价结算同步，这导致企业面临较大的资金压力和风险。同时，由于投标阶段报价较低，项目盈利空间较小，成本管控的责任重大。

近些年来，黔贵工程公司承担过多项 3000 米以上的大长隧道施工任务，有较强的隧道施工专业技术力量，人员和设备的储备也完全能够满足六枝隧道施工的需要。公司目前自有资金充足，大额保证金的占用不会影响公司正常的资金运转。根据以往大部分项目的成本管理经验，公司成本管理部门经过详细的检算分析，通过完善的责任成本管理机制，能够有效地控制项目施工成本，确保该项目实现盈利。

三、案例式教学的组织

（一）讲授理论框架

本案例资料展示了黔贵工程公司川遂高速公路六枝隧道工程责任成本管理的情况，案例教学的目的是让学生了解责任成本管理在建筑施工企业的应用。通过这个案例资料的教学，可以让学生全面体验施工项目责任成本管理过程。

要求授课教师事先向学生讲解责任成本管理的概念、责任成本管理的内容和程序，使学生熟悉责任成本管理的操作方法。结合施工企业项目法施工的特点，讲解如何设计责任成本管理在施工项目中的实施步骤和内容。引导学生正确认识成本核算与成本管理的关系，理解成本核算是成本管理的基础。

由于之前的案例教学内容以成本核算为主，通过本节建筑施工企业责任成本管理案例的讲解和训练，引导学生在实践案例中将成本会计核算与成本管控结合起来。

（二）案例资料导入

案例资料可以通过学习通等教学平台提前推送给学生，要求学生在课前对案例资料有一个概括的了解，同时要求学生学习阅读建筑施工企业责任成本管理的基础知识。课堂上，教师对案例材料的关键点做强调，比如本案例中黔贵工程公司如何划分各个责任中心，如何确定各责任中心的成本责任等。

（三）案例问题引导

在学生熟悉了案例材料后，教师可以提出若干问题，引导学生思考和分析。比如在本案例中，要求学生思考六枝隧道项目部在责任预算编制中如何划分公司与项目部的责任预算？如何优化工程量指标？如何实现价格的预控？等等。

（四）课堂分析讨论

由于黔贵工程公司六枝隧道项目部已经制定了较完善的责任成本管理制度，为了让每个学生都能参与到案例教学中来，可以要求学生课前先阅读六枝隧道项目责任成本管理的各项制度。课堂上可以采用小组集体讨论的形式，对六枝隧道项目责任成本管理进行分析和研讨。鼓励学生在讨论中提出新的问题，教师及时给予引导和解答。在小组讨论的基础上，由各组推举代表轮流发言，其他组员可以补充发言。

六枝隧道项目部责任成本管理制度中的关键措施应该作为课堂讨论的重点内容，这些关键措施主要包括以下方面：

1. 设立责任成本管理机构

施工项目部成立了责任成本管理领导小组，其主要职责如下：

（1）制定六枝隧道项目责任成本管理细则，科学划分项目部下属各责任中心及其责任预算，并将各项经济技术指标分解到各责任中心。

（2）审议、批复项目部各成本中心责任预算的调整；

（3）定期审议项目部各责任中心的成本报告，并提出整改意见；

（4）对项目部各责任中心的经济纠纷进行调解或裁决；

（5）根据项目责任工资、效益工资的考核情况，兑现责任绩效。

2. 建立施工技术方案预控制度

根据客户的要求，施工单位在工程开工后两个月内必须建立台账，因此，项目部必须对施工图进行审核，审查每一份专业施工图纸本身有无差错遗漏，审查各个专业施工图之间的协调统一性，检查其钩稽关系中有无差错遗漏。还要审查施工图对工程施工有没有特殊技术要求，对工程施工所用材料有无特殊要求。

项目部对施工方案的优化，首先是由工程项目技术人员细化出各分项工程的工序，然后对施工方案提出优化措施。在这个过程中，技术人员需要针对某一施工项目编制多种施工方案，并确定相应方案对应的"工、料、机"投入，通过测算还要确定相应的工期。质检部门还要检查各种施工方案是否满足公司安全生产、工程质量方面的要求；物资、设备、人力资源等部门还要根据相应的单价计算出不同方案的成本投入数据。经综合考量后，选择确定具体施工方案。

开工后，迅速组织施工技术人员、一线劳务人员、机械设备和材料物资进场开展施工活动，并按施工活动的内容和工程施工进度配备好各类资源，确保实现施工进度如期完成。在施工过程中，施工项目部还要对工程施工进行动态管理，也就是要不断完善施工组织设计，优化具体的施工方案，相机调整各分项工程的进度和各类生产要素的配置。

3. 建立工程数量预控制度

工程数量的大小与项目生产要素成本费用的增减成正比，因此，项目部对工程数量的控制是至关重要的。一般来说，开工前项目部要对施工图进行会审，对公司总部核定的责任预算指标进行再次优化，也可以通过现场实测对责任预算指标进行二次分解。

4. 建立价格预控制度

施工项目部要积极参与材料物资"政府采购"的招标工作，合理确定材料物资的采购价格，在保证材料物资质量和工程进度的前提下，确保项目部材料物资的价格最优。项目部要对工程所需材料物资在施工地的供求情况进行摸底，对各生产厂家的供货能力、产品质量、信誉等进行评价。按照公开、公平、公正的原则进行材料物资的招标工作。

要求外部劳务队伍必须持有住建部门年审合格的资质证书、市场监督部门年审合格的营业执照等。一般要求外部劳务队伍必须有相应施工经验、具有一定数量的管理人员和技术工人，自有资金和设备能够满足施工需要。

施工项目部按月对外部劳务队伍进行验工计价，每季度对外部劳务队伍的劳务费进行一次清算。在对外部劳务队伍进行计价时，计价工程量不得超过责任成本预算核定的工程量。人工或台班的数量必须经项目经理的签认和审批。

5. 建立成本中心"零利润"承包预控制度

责任成本中心的划分坚持可控性原则，也就是说，按照"谁负责、谁控制、谁受益"的原则确定成本责任中心。六枝隧道工程项目部设置了正洞路基成本中心、风水电成本中心、出运渣运输成本中心、搅拌站成本中心等，实行动态"零利润"承包，节约归各责任中心所有，超支由各责任中心自负赔偿。

项目财务部门设置"责任成本总账"，在日常会计核算编制会计凭证、登记会计明细账的同时，登记责任成本总账。各成本中心设置"责任成本中心台账"，根据项目财务部门推送的成本费用信息登记各自的责任成本台账。

（五）案例教学总结

学生讨论发言结束后，教师要对讨论发言的情况做一下总结。教师事先可以针对案例资料做一些拓展性的教学总结。比如施工项目责任成本管理主要包括施工方案的预控、工程数量的控制、材料物资的控制、机械设备的控制、外部劳务管理。在责任成本管理体制下，施工项目部以施工组织设计为前提，由工程技术人员对工程项目施工图进行会审，并计算理论工程数量，然后根据测算的实际工程数量，进而将责任预算分解到各责任中心。通过责任成本管理案例也可以看到，技术人员是工程数量控制的关键，而工程数量控制的节余最终转化为责任中心的成本节约额。各责任中心的工程数量与其实际完成的工程数量之间的差额形成各责任中心利润。

图 7-1 责任成本管理方圆图形象地描述了工程项目责任成本管理的主要内容和过程，可以作为本节责任成本管理案例教学的总结。该图中包括了项目的合同造价和结算总价两个造价管理控制关键点，责任成本、目标成本、实际成本等三个项目成本管理控制关键点，工期、质量、安全、环保等四个施工现场管理控制关键点，人工费、材料费、机械费、现场经费、专业分包费等五个费用管理控制关键点，经营效益、管理效益、结算效益等工程项目管理的三个效益着力点。

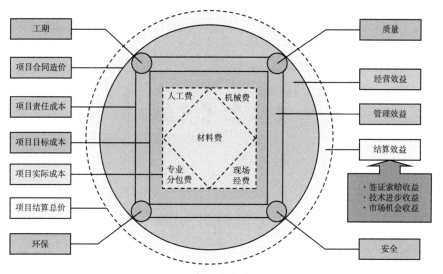

图 7-1 责任成本管理方圆图

主要参考文献

［1］杜兴强，刘峰．成本会计［M］．北京：高等教育出版社，2022．

［2］江希和，向有才．成本会计与案例［M］．上海：立信会计出版社，2018．

［3］李志远，全晶晶．施工项目会计核算与成本管理［M］．北京：市场出版社，2023．

［4］易颜新．成本管理会计［M］．北京：经济科学出版社，2021．